中国式现代化语境下法治政府建设研究

唐声文 著

南闲大學出版社

天 津

图书在版编目(CIP)数据

中国式现代化语境下法治政府建设研究 / 唐声文著.
天津：南开大学出版社，2024.8 —ISBN 978-7-310
-06564-6

Ⅰ.D920.0
中国国家版本馆 CIP 数据核字第 2024WE5991 号

中国式现代化语境下法治政府建设研究
ZHONGGUOSHI XIANDAIHUA YUJING XIA FAZHI ZHENGFU JIANSHE YANJIU

南开大学出版社出版发行

出版人：刘文华

地址：天津市南开区卫津路 94 号　　邮政编码：300071
营销部电话：(022)23508339　营销部传真：(022)23508542
https://nkup.nankai.edu.cn

河北文曲印刷有限公司印刷　全国各地新华书店经销
2024 年 8 月第 1 版　　2024 年 8 月第 1 次印刷
230×155 毫米　16 开本　13.5 印张　2 插页　156 千字

定价:68.00 元

如遇图书印装质量问题,请与本社营销部联系调换,电话:(022)23508339

序 言

做一个心中有光的法学人

唐声文新作《中国式现代化语境下法治政府建设研究》成稿，请我作序。闻之甚是欣慰，初读书稿，感悟颇深。《论语》言"执事敬"，作者正是执着于"执事敬"的精神，笔耕不辍。作者致力于本部专著的完成，以求真务实的精神，无一丝怠慢与疏忽。从绪论到每一章节、每一段落、每一句话、每一个字，都经作者再三斟酌，几易其稿，最终得以成文。本书中有作者的思考，有闪耀的思想火花，也有许多精彩之笔。

天行健，君子以自强不息。经历春天播种和夏日耕耘，终于迎来秋天的收获。唐声文老师撰写的《中国式现代化语境下法治政府建设研究》是一部聚焦法治政府建设研究的学术专著。该书从问题缘起着手，阐述了中国式现代化的概念、特色和意义及其内在逻辑，论证了中国式现代化与法治政府建设的关系，分析了中国式现代化语境下法治政府建设面临的挑战，给出了中国式现代化语境下法治政府建设的措施与愿景。全书展现了新时代青年法学人的历史担当与使命意识，为法治政府建设的研究与实践提供了一个全新视角和借鉴。

在自由的学术天地里，思想的翅膀振翅高飞，理性的巨足跨步驰骋。轻舟的坚韧必将乘风破浪。致力于中国法治建设的新一代青年才俊破旧立新，勇往直前。阅尽天下之书以开茅塞，除鄙见；得新知以增学问、广见识，不忘初心。法学人的责任重大，尤其是在中国式现代化进程中，时代赋予法学人历史重任，历史给予法学人报效国家的舞台。历史的车轮滚滚向前，新一代法学青年才俊要勇于承担历史赋予的大任，更应以沉静之心、勇敢之意，为法治中国的建设，为中国式现代化的实现贡献自己的所有力量。

面对现实，法学人既不可骄盈自满，亦不可怯弱自馁。只有不断学习，才能知识结网，才能认知觉醒；只有心中有光，心怀国家，才能不忘初心砥砺前行。尽力而为，莫问收获，但求无愧于心！

曾存荣

中共江北区委党校常务副校长

2023 年 10 月 1 日

目　录

绪　论

一、问题缘起

大道之行也，天下为公。百姓倾循，惟德厚载。坚持全面依法治国，坚持中国式现代化发展是新时代的必然要求。法治政府建设是全面依法治国的重点任务和主体工程，也是中国式现代化在法治领域的具体体现。中国式现代化与全面依法治国一脉相承，其共同目标是实现中华民族伟大复兴。中国式现代化必须走社会主义法治现代化道路，要求法治政府的保障，只有坚持人民至上，才能实现中国特色社会主义法治建设总目标。只有坚持中国共产党的领导，坚持以习近平法治思想为指引，全面贯彻中国特色社会主义法治理论，才能保障法治政府建设，确保中国式现代化沿着正确道路与方向前进，如期实现中国式现代化的建设目标，实现中华民族伟大复兴。

中国已经踏上全面建设社会主义现代化国家新征程的道路。在新发展阶段，我们必须不断深入对中国式现代化进程中各种规律的认识，把握现代化发展大势，科学分析发展形势，坚定中国人民的信心，在中国共产党的正确领导下，制定正确的战略和有效的措施，实现符合规律的科学发展，以中国式现代化全面推进中华民族伟大复兴。

当前，党对法治政府建设的领导全面加强，数字社会政府
建设水平进一步提高，但基于新时代复杂的国内外环境，法治
政府建设在现实维度、实施维度、规范维度和方向维度四个方
面需要突破；要通过正善治、树权威、重实施、明职责，突破
四维限制，全面提升法治政府行政决策执行力。

二、本书的核心观点及论证框架

"万物得其本者生，百事得其道者成。"[①] 党的二十大报告
提出：中国式现代化是中国共产党领导的社会主义现代化，既
有各国现代化的共同特征，更有基于自己国情的特色。[②] 法治
政府是中国式现代化在法治领域的具体体现，是中国式现代化
的重要组成部分。中国式现代化得其本者生，法治政府得其道
者成。深入学习领会党的二十大精神，在新时代新征程上全面
推进和深化拓展中国式行政法治现代化，需要以习近平法治思
想为指导，从理论与实践结合上进一步厘清和阐释中国式法治
现代化与国家治理现代化的内在逻辑。[③] 党的二十大报告提
出，坚持全面依法治国，推进法治中国建设，在法治轨道上全
面建设社会主义现代化国家。法治政府建设是全面依法治国的

---

① [汉] 刘向：《说苑校证》卷十六《谈丛》，向宗鲁校证，中华书局，1987，第388页。
② 习近平：《高举中国特色社会主义伟大旗帜 为全面建设社会主义现代化国家而
团结奋斗——在中国共产党第二十次全国代表大会上的报告（2022年10月16日）》，人
民出版社，2022，第20页。
③ 吴欢：《中国式行政法治现代化与国家治理现代化的内在逻辑》，《哈尔滨工业大
学学报》，2023年第1期，第57页。

重点任务和主体工程。① 全面依法治国是全面建设社会主义现代化国家的必然要求，法治政府建设必然在中国式现代化语境下实施。只有坚持以习近平法治思想为指导，全面建设法治政府，厉行法治，坚持党对法治建设的领导，才能更深入、更有成效地推进法治中国建设。

三、本书的研究价值和意义

中国式现代化是新时代、新征程探索出的新道路，是全面深刻总结贯穿百年党史主题主线提出的重大新论断、新概括和新命题。习近平总书记指出，"党领导人民成功走出了中国式现代化道路，创造了人类文明新形态，拓展了发展中国家走向现代化的途径"。党的十九届六中全会明确提出，以中国式现代化全面推进中华民族伟大复兴。②

本书立足于中国式现代化语境，以习近平法治思想为指引，在充分阐释中国式现代化发展特色的基础上，从中国式现代化的理论支撑、中国式现代化的历史支撑、中国式现代化的实践支撑三个维度论证中国式现代化的内在逻辑；在此基础上，论证中国式现代化与法治政府建设之间的关系。法治政府建设是全面推进依法治国的重点任务和主体工程，是决定法治中国建设成效的关键。回顾历史，结合现实，中国式现代化的发展离不开法治政府的全面建设。经过多年努力，各级行政机关的权

① 习近平：《高举中国特色社会主义伟大旗帜　为全面建设社会主义现代化国家而团结奋斗——在中国共产党第二十次全国代表大会上的报告（2022 年 10 月 16 日）》，人民出版社，2022，第 36-37 页。

② 蔡昉等：《中国式现代化：发展战略与路径》，中信出版集团，2022，第 Ⅵ 页。

力已逐步纳入法治化轨道，法治政府建设取得了重要进展。但基于新时代复杂的国内外环境，法治政府建设在现实维度、实施维度、规范维度和方向维度等四个方面需要突破；要通过正善治、树权威、重实施、明职责，突破四维限制，全面提升法治政府行政决策执行力。在中国式现代化语境下对法治政府建设进行研究，具有重大的现实和理论意义。

中国式现代化得其本者生，中国法治政府建设得其道者成。中国共产党坚持人民至上的执政理念，中国共产党以人民为中心，具有崇高的政治理想和远大的发展目标。人民和历史选择了中国共产党，中国共产党肩负着中华民族伟大复兴的历史重大使命，在中国共产党的领导下，在中国特色社会主义制度的保障下，在法治政府建设的引领下，发挥中国人民勤劳智慧的优秀品质，中国式现代化道路必然宽广，中国人民在中国共产党的带领下，必然走出一条物质文明和精神文明相协调、人与自然和谐共生、和平发展的现代化强国之路。

第一章 中国式现代化及其内在逻辑

一、中国式现代化解读

现代是一个相对概念，它是和古代相对而言的。但是现代化绝对不是个时间概念，因为现代的国家大多数还没有实现现代化。仅仅从经济角度理解现代化是远远不够的，还要从政治、文化、法律等视角来理解。现代化经历了较长时间的演变，而且它的内涵还在不断拓展。[1] 中国的国情，不同于世界上其他任何一个国家。中国人口众多，国土幅员辽阔，地区差异较大，风俗习惯各不相同。中国的国情，对实现现代化之道路提出了更大的挑战。实现全国人民共同富裕，实现物质文明与精神文明协调发展，实现绿色发展、循环发展，都是极其不容易的艰巨任务。走和平发展的现代化道路，将人民利益放在首位，走中国式现代化道路，是唯一的选择。对比西方资本主义国家，其现代化道路是以资本为中心，以侵略扩张、非和平方式实现的现代化，是牺牲民众利益、对外掠夺的现代化道路。中国式现代化道路符合广大人民群众的根本利益，是历史的选择，更

---

[1] 刘尚：《深刻理解中国式现代化》，《温州日报》2022年10月31日，第07版。

是人民的选择。

习近平总书记所作的党的二十大报告，深刻阐述了中国式现代化的科学内涵、中国特色和本质要求，强调坚持以中国式现代化全面推进中华民族伟大复兴。[1] 中国式现代化是党在改革开放以来长期探索和实践基础上、经过党的十八大以来在理论和实践上的创新突破，是党领导的社会主义现代化，既具有各国现代化的共同特征，更有基于自己国情的中国特色。[2] 中国式现代化立足于中国的国情，是社会主义现代化。首先，中国式现代化具有时代的特色，中国式现代化不但具备各国现代化的共同特征，更彰显出社会主义特色和时代特色。中国人口基数较大，规模远超现有发达国家。因此，中国式现代化最显著的特色是从国情出发，是人口规模巨大的现代化，是极具中国特色、时代特色的现代化。其次，共同富裕是中国特色社会主义的本质要求。[3] 坚持共产主义远大理想的现实维度，就是坚持中国特色社会主义的共同理想。[4] 当今中国最大的社会现实，就是要实现民族复兴。共产主义的理想立足于这样一个社会现实，就形成了中国特色社会主义的共同理想。[5] 共同富裕就是共产主义的理想，也是中国特色社会主义的本质要求，是人民对美好生活的向往。中国式现代化进程必然着力于维护社

---

[1] 韩正：《以中国式现代化全面推进中华民族伟大复兴》，《人民日报》2022 年 11 月 01 日，第 03 版。

[2] 习近平：《高举中国特色社会主义伟大旗帜 为全面建设社会主义现代化国家而团结奋斗——在中国共产党第二十次全国代表大会上的报告（2022 年 10 月 16 日）》，人民出版社，2022，第 20 页。

[3] 习近平：《高举中国特色社会主义伟大旗帜 为全面建设社会主义现代化国家而团结奋斗——在中国共产党第二十次全国代表大会上的报告（2022 年 10 月 16 日）》，人民出版社，2022，第 20 页。

[4] 陈学明、吴新文、陈祥勤、姜国敏：《我们为什么必须走中国特色社会主义道路》，天津人民出版社，2020，第 154 页。

[5] 同上，第 160 页。

会公平正义,全力推进共同富裕。

当前,我们既要应对经济增速放缓的挑战,又要进行适当的结构调整,还要同时消化以往经济刺激政策的影响,传统的增长方式已经难以为继。只有坚持走中国式现代化道路,贯彻新发展理念,深刻认识影响中国发展全局的深刻转变,才能实现以创新为主导、以协调为必然、以生态为主导、以开放为必由之路、以共享为最终目的的高质量发展,这将使经济发展的质量、效率和动力发生变化,从而实现民族复兴。

习近平总书记在党的二十大报告中强调,"中国式现代化,是中国共产党领导的社会主义现代化",明确"坚持和加强党的全面领导"是推进中国式现代化必须牢牢把握的一个重大原则。党的领导直接关系中国式现代化的根本方向、前途命运、最终成败。新征程上,我们要深刻认识坚持党的领导对于推进中国式现代化的重大意义,牢牢把握中国式现代化的本质要求,切实把党的领导落实到推进中国式现代化的各项工作之中。①

中国式现代化与中国的国家建构及国家治理体系、政府治理能力现代化有着密切的联系。一个国家要想实现现代化,最艰巨的任务就是立足于本国的特点,根据本国的实际情况完成现代国家的建构。国家公共权力的制度化问题,与推进现代化国家的进程有着重要的联系。在建设现代化国家的征程中,中国共产党领导中国人民不断探索中国式现代化道路。中国共产党坚持以人民为中心,为人民谋福利,通过独特的组织和领导特性,实现了中国革命、建设、改革时期的有效治理。现在,我们正处在奋力实现"第二个百年奋斗目标"的关键时期,要实现我们的"第二个百年奋斗目标",就必须坚持中国共产党的

---

① 赵义良:《坚持党的领导是中国式现代化的本质要求》,《人民日报》2023年07月06日,第09版。

领导，坚持在党的领导下不断完善中国特色社会主义制度，坚持科学发展观，坚持以人民为中心，坚持中国式现代化建设道路。

在党的坚强领导下，在人民群众的奋斗下，中国式现代化取得了举世瞩目的成效。中国式现代化道路为世界人民提供了一种崭新思路，现代化并非只有西方一种固定模式，世界上不存在唯一的现代化道路。结合本国国情，顺应历史发展潮流，以人民为中心，就可以探索出符合本国国情和发展的现代化道路。共同富裕，人与自然和谐共生，走出了西方现代化道路的困境，为全人类提供了一种新的思路和新的选择。尤其是在社会主义制度下，建成共同富裕的强国，就为其他发展中国家提供了有益参考。中国式现代化是一种新形态文明，必将促进世界和平稳定发展。①

中国已经踏上全面建设社会主义现代化国家新征程，在新发展阶段，我们必须不断深化对中国式现代化进程中各种规律的认识，把握现代化发展大势，科学分析发展形势，坚定中国人民的信心，在中国共产党的正确领导下，制定正确的战略和有效的措施，实现符合规律的科学发展，以中国式现代化全面推进中华民族伟大复兴。

（一）中国式现代化概论

在党的十九届六中全会上，习近平总书记提出以中国式现代化全面推进中华民族伟大复兴。党的二十大报告系统论述了中国式现代化的重要特征与丰富内涵，对全面建设社会主义现代化国家进行了顶层设计和战略部署。中国式现代化立足于中

---

① 刘尚：《深刻理解中国式现代化》，《温州日报》2022 年 10 月 31 日，第 07 版。

国国情，有其独特的内涵。首先，中国式现代化是在坚持和发展中国特色社会主义道路上成功走出来的现代化。因此，中国式现代化是中华民族复兴的道路，党领导人民走向现代化，通过中国式现代化推进中华民族伟大复兴。由此可见，中国式现代化道路的目标、中国发展的命运掌握在中国人民自己手中。其次，中国式现代化是创新的一种文明新形态：既体现出一般文明发展的特色，又体现出中国文明的特色；既体现出各国现代化的共同特征，又有基于自己国情的中国特色。最后，中国式现代化具有五个重要的基本特征。报告指出，中国式现代化是人口规模巨大的现代化，是全体人民共同富裕的现代化，是物质文明和精神文明相协调的现代化，是人与自然和谐共生的现代化，是走和平发展道路的现代化。①

中国式现代化能够促进全面建成社会主义现代化强国，通过走中国式现代化道路，全面推进中华民族伟大复兴；中国式现代化立足于中国国情，具有鲜明的中国特色和本质要求。在社会主义新时代新征程中，应坚持中国共产党的全面领导，在党的领导下，全面推进中国式现代化。中国式现代化是新时代的重大课题，只有将理论和实践紧密结合，才能深刻认识中国式现代化的本质和内涵。纵观世界各国的发展，中国式现代化走出了现代化道路的独特步伐，打破了现代化等同于西方化的固有观点，让全世界看到了一幅全新的现代化建设蓝图，为发展中国家提供了有益的借鉴和支持，为世界文明的发展做出了榜样，拓展了发展中国家走向现代化的路径选择，为人类对更好社会制度的探索提供了中国方案。

中国式现代化道路所取得的成就，打破了西方式现代化就

---

① 蔡昉等：《中国式现代化：发展战略与路径》，中信出版集团，2022，第 VII 页。

是现代化唯一标准的观点。纵观世界发展历史，西方的现代化道路与资本紧密相连，主要是资本主义现代化道路，开辟的是现代资本主义文明形态，西方式现代化弊病显现。中国历史悠久，通过传承中华民族优秀文化，中国式现代化蕴含中国特有的世界观、价值观、历史观和文明观，在很大程度上创新了世界现代化理论和实践。中国式现代化以人为本，以人民群众的利益为中心，物质文明、精神文明、政治文明、社会文明协调发展，贯穿人民至上的原则，比资本主义文明更加优越，体现出社会主义现代化的先进本质。

（二）中国式现代化的特色

中国式现代化不同于其他国家的现代化，具有中国的特色，其中最重要、最突出的一个特色就是中国式现代化的出发点是为了人民群众，一切以人民群众的利益为出发点，以人民群众为中心，依靠人民群众，立足于人民群众。中国式现代化的宗旨是以人民为中心，以人民为主体，发展成果不断满足人民日益增长的对美好生活的需要。中国式现代化意味着国家建构与国家治理体系和治理能力现代化。[①] 中国式现代化的一大特点是建立在中国人民的政治认同上，在中国共产党的领导下，国家的建设和人民的利益紧密结合在一起。中国共产党建构社会主义新文化，在社会主义的框架下进行国家治理，走现代化发展道路。

中国式现代化道路作为一条现代化新道路，对推进人类文明进程具有非常重要的理论价值和实践指导意义。中国式现代化坚持以人民为中心的发展思想，与西方的现代化有着本质的

---

① 蔡昉等：《中国式现代化：发展战略与路径》，中信出版集团，2022，第 89 页。

区别。中国式现代化与西方国家的现代化不同之处在于，中国式现代化不靠侵略、掠夺他国来实现，而是走和平发展道路。中国式现代化要在不到一百年的时间里完成工业化、城镇化、农业现代化和信息化等叠加发展，而西方的现代化经验难以为中国的现代化提供可资借鉴的模板。

中国式现代化基于人民利益这一中心，满足人民群众对美好生活的需求，围绕推动五个文明（即经济、文化、政治、社会和生态文明）协调发展的要求，积极推进新型城镇化、工业化、信息化、农业现代化高质量发展，既要求发展速度，又强调发展质量。只有在中国共产党的全面领导下，才能调动全国一盘棋，只有以人民群众利益为第一要旨，才能推动区域协调发展。在新发展理念指导下，创新发展为第一动力，通过全过程人民民主，动员全国人民走现代化道路，打破不平衡，走开放、共享的高质量发展道路，中国式现代化道路符合历史发展潮流，必将越走越宽广。新时代现代化理论的创新突破，引领我国从现代化的"迟到国"跃升为世界现代化的"增长级"。①

中国式现代化的一个重要特色，即在新时代的社会背景下，致力于解决社会主要矛盾，坚持人民利益高于一切，破解社会矛盾，保障人民群众利益。以科学发展观为指引，中国式现代化是一个动态发展的历史过程，而非一成不变，是基于历史和现实双重标准。中国式现代化的发展有自己的突破方向，党领导人民不断破解社会主要矛盾，走向共同富裕，实现中华民族伟大复兴。实现人的全面发展，注定是一个漫长的历史进程。现代化是人的全面发展的必经阶段。现代化的发展离不开法治政府的建设，社会主要矛盾的解决也离不开法治政府的建设和

---

① 黄群慧：《中国式现代化道路新在哪里》，《人民日报》2022年10月10日，第17版。

推动。因此从根本上讲，中国式现代化的发展与法治政府建设是相辅相成的。

中国式现代化最重要、最突出的特色，即坚持以人民为中心，这也是中国式现代化不同于其他国家的重要特点。中国共产党立足于中国国情，创造性地将社会主义制度与市场经济有机结合，建立了社会主义市场经济体制，发挥市场经济体制的优势，又有效地发挥社会主义制度的优越性。通过坚持走中国式现代化道路，能够有效将市场和有为政府更好结合，极大地发展了社会生产力，物质文化建设取得了重要的进展。

（三）中国式现代化的意义

新中国成立以来，尤其是改革开放这四十余年时间，中国从一个贫穷落后的国家实现了跨越式的大发展，迅速成为世界排名第二的经济体，其中最主要的原因就是坚持走中国式现代化发展道路。中国式现代化是对建设什么样的社会主义现代化强国、怎样建设社会主义现代化强国等重大理论问题的探索和回答。中国式现代化以实现共同富裕为发展目标，主张全面均衡的现代化发展道路，要实现物质文明、政治文明、精神文明、社会文明、生态文明的全面提升，实现治理体系、治理能力的现代化。由此可见，中国式现代化并非单一领域、单一维度的发展，而是多层次、多维度的、全方位的现代化，其核心是人的现代化和全面发展。中国式现代化的意义在于实现全体人民的共同富裕，提高人民生活水平，实现社会公平正义。中国式现代化坚持和平发展道路，不走殖民扩张道路，推动构建人类命运共同体，以中国的新发展为世界提供新的机遇。正如习近平总书记提出的：我们从哪里来？我们走向何方？中国到了今

天，我无时无刻不在提醒自己，要有这样一种历史感。① 中国
式现代化可以回答这些问题，中国式现代化能够指引我们走向
更美好的未来，这就是中国式现代化的意义。

适合中国国情的正确的中国式现代化道路，指引中国加快
迈向更高质量、更有效率的发展之路。中国式现代化的道路向
世界人民表明，即便是一个发展中国家，只要有自己的现代化
目标，能够立足于自己的国情，独立探索适合自己国情的现代
化道路，也一定能够实现跨越式发展。中国式现代化的发展，
为世界其他国家提供了有益的借鉴。

中国式现代化道路积极倡导文明交流互鉴，打破西方文明
冲突论对人类文明的桎梏。中国式现代化主张与文明交流，超
越文明的隔阂，世界各国应该和平共处，共谋发展，世界各国
文明各不相同，但我们要认识到和而不同，各国文明能够互相
借鉴。中国式现代化道路的创立和发展，为人类文明提供了新
形态和有益借鉴。

二、中国式现代化的内在逻辑

"知之愈明，则行之愈笃；行之愈笃，则知之益明。"② 知
是行之始，行是知之成。知行合一，孜孜以求，方能至常人罕
至的境界。实践无止境，创新亦无止境。中国走中国式现代化
道路，是道路自信、理论自信、制度自信、文化自信的表现。
中国式现代化道路的指导思想是马克思主义以及马克思主义中
国化的理论创新成果，是中国共产党领导中国人民将马克思主

---

① 马怀德：《法治中国新时代》，外文出版社，2022，扉页。
② ［宋］黎靖德：《朱子语类》（第一册），王星贤点校，中华书局，1986，第281页。

义基本原理与中国具体实际相结合，与中华传统优秀文化相结合的产物。①

中国式现代化与西方现代化最本质的根本区别，在于中国式现代化是全体人民共同富裕的现代化，而西方的现代化是以资本为中心的现代化。因此，西方现代化必然导致贫富两极分化和社会对抗，而中国式现代化作为社会主义现代化的发展道路，共同富裕是本质要求，必将为人民群众的认可和支持。坚持把实现人民对美好生活的向往作为现代化建设的出发点和落脚点，这是中国式现代化的一个鲜明特征。促进社会公平正义，促进全体人民共同富裕，是中国式现代化的深刻内涵。只有深刻理解中国式现代化的逻辑，才能深刻理解中国共产党领导中国人民将马克思主义基本原理同中国具体实际相结合，与中华优秀传统文化相结合，从而走出独具特色的中国式现代化道路。

中国式现代化道路坚持走和平发展的现代化道路，西方国家通过殖民扩张和发动战争，获得资本的原始积累。而中国式现代化是走和平发展道路，维护世界和平和自身和平。通过走和平发展道路，中国式现代化将为人类的和平与发展做出更大的贡献，也必将推动中国人民坚定不移地走生产发展、生态良好的文明发展道路，实现中华民族的永续发展，实现可持续发展。

（一）中国式现代化的理论支撑

当代中国的发展进步，离不开中国特色社会主义制度的根本保障。中国特色社会主义制度的科学运行和不断完善，离不

---

① 《深入推进中国式现代化理论创新》，陕西党建网，http://sx-aj.gov.cn，访问日期：2022 年 8 月 12 日。

开科学理论的正确指导和思想支撑。① 马克思主义中国化的理论创新成果集中体现出中华民族创新精神，是中国共产党的集体政治智慧，是经得起实践检验的理论创新成果。理论自信来源于实践反馈，理论自信也为实践指明了道路，理论自信为制度自信提供了思想支撑。没有理论自信，制度自信就失去了根基，制度自信为理论自信提供制度保障，没有制度自信，理论自信就失去了制度依托。② 中国式现代化道路所取得的成就支撑了理论自信，理论自信为社会主义制度提供了思想支撑，中国特色社会主义道路和中国式现代化为理论自信提供了有力的制度保障。

韩喜平提出：从理论维度看，中国式现代化理论的系统创新标志着党对中国式现代化的规律认识提升到新的高度。中国式现代化与以往的现代化理论相比实现了系统性创新。中国式现代化理论创新之处主要体现在以下几个层面，第一是本质认识，第二是路径选择，第三是原则坚持，第四是方法论指导。第一，在本质层面的认识维度上，中国式现代化理论坚持以人民为中心，即坚持以人为本。而西方现代化以资本为本，这两者的本质是完全不同的，这也决定了路径、原则、方法论的根本不同之处。第二，在路径选择方面，中国式现代化坚持以人民为中心，则必然走和平发展道路，西方坚持以资本为中心，则通过对外侵略、殖民、战争等方式积累资本。第三，在坚持原则方面，中国式现代化道路立足于中国基本国情，体现出中国社会主义道路的基本特色，坚持社会主义原则，坚持物质文明与精神文明协调发展，坚持顺应历史发展大局观。西方则以

---

① 钟小武：《中国特色社会主义理论自信的内在逻辑研究》，人民出版社，2020，第194页。

② 同上，第194页。

资本为原则维护资本主义制度，保护资产阶级利益。第四，在方法论指导方面，中国式现代化坚持从国家发展战略出发，基于顶层设计，将理论与实践相结合，坚持法治国家与法治政府建设，保障公正与秩序，保证效率和活力。西方政党代表不同利益集团，不代表人民利益，所谓的民主形式，加大了社会撕裂，缺乏明确和清晰的方法论指导。现代化基础理论的系统创新意味着中国式现代化理论既实现了对既往西方式现代化理论的超越，又守正创新地发展了社会主义现代化理论，为世界现代化理论实现新突破做出重大贡献，标志着党对中国式现代化规律认识的成熟。①

正确认识中国特色社会主义事业的历史方位和发展阶段，是我们党明确阶段性任务和制定路线方针的根本依据。在全面建成小康社会、开启全面建设社会主义现代化国家新征程后，中国进入一个新发展阶段。把握新发展阶段，是贯彻新发展理念、构建新发展格局、推动高质量发展的现实依据。②

创新发展、协调发展、绿色发展、开放发展和共享发展，是新时代我国发展和实现全面现代化的指导思想。作为我国实现现代化的重要战略和路径，推进新四化同步发展，必然要以新发展理念为指导，这也是高质量发展的必然要求。③

只有坚持把科技创新作为第一发展动力，才能以科技创新推动中国式现代化进程，当今国家与国家的竞争，根本上讲是现代化经济的竞争，现代化进程中，信息科技、人工智能有典型的技术特征，只有深度融合信息技术与制造技术，不断推进

---

① 韩喜平：《从四重维度理解中国式现代化》，《光明日报》2023 年 03 月 29 日，第 06 版。

② 蔡昉等：《中国式现代化：发展战略与路径》，中信出版集团，2022，第 155 页。

③ 同上，第 176 页。

与创新发展智能化、数字化的社会经济，才能形成新产业革命复杂的技术系统。这一切都需要以政府为主导，抓住新一轮科技与产业变革的时代大机遇，重视、强化、把握并融合创新发展大趋势，推进创新发展、协调发展、绿色发展、开放发展和共享发展。从根本上讲，中国式现代化就是社会主义现代化的现实路径，是中国特色社会主义在发展道路上的具体化，是实现中华民族伟大复兴目标的必然选择与必由之路。

面向未来，中国式现代化包含九个方面的本质要求。党的二十大报告指出，中国式现代化的本质要求是：坚持中国共产党领导，坚持中国特色社会主义，实现高质量发展、发展全过程人民民主，丰富人民精神世界，实现全体人民共同富裕，促进人与自然和谐共生，推动构建人类命运共同体，创造人类文明新形态。值得一提的是，对中国式现代化的本质要求进行总结和专门概括尚属首次。创造人类文明新形态是上述本质要求的落脚点。从中国式现代化与人类文明新形态的基本逻辑出发，二者之间的关系应为：中国式现代化是人类文明新形态的道路选择，人类文明新形态是中国式现代化的文明追求。①

中国共产党从诞生的那一刻起，就担负了历史重任。党的性质、宗旨决定了党的政策和主张。中国式现代化的根本性质，是党和人民所决定的。社会主义现代化即中国式现代化，是基于历史逻辑、理论逻辑和实践逻辑三个层面的决定和选择。首先，从历史逻辑层面看，中国共产党的最高价值取向，就是坚持全心全意为人民服务，实现人民的利益。党领导全国人民团结奋斗，建立新中国，在新中国成立后，带领全国人民长期实践和摸索，逐渐探索出全面推进中华民族伟大复兴的中国式现

---

① 蔡昉等：《中国式现代化：发展战略与路径》，中信出版集团，2022，第 VIII 页。

代化道路。中国式现代化是党和人民在不断实践中取得的重大成果，带领人民走向现代化，是党的历史使命，也是党的宗旨和初心。其次，从理论逻辑层面看，党坚持解放思想、实事求是的思想路线，坚持继承和发展马克思列宁主义、毛泽东思想、邓小平理论、"三个代表"重要思想、科学发展观、习近平新时代中国特色社会主义思想，不断深化对党执政规律、社会主义建设规律、人类社会发展规律的认识。以习近平新时代中国特色社会主义思想武装党和人民群众，不断推进党的理论创新，为中国式现代化提供强大的科学指引。最后，从实践逻辑层面看，中国式现代化道路符合中国国情，符合历史发展潮流，取得了举世瞩目的成效。中国共产党带领中国人民历经风雨，披荆斩棘，坚定不移走全体人民共同富裕的中国式现代化道路，创造出人类文明的新形态。实践表明，只有坚持党的领导，才能不断持续推进中国式现代化道路。只有毫不动摇坚持党的领导，中国式现代化才能前景光明、繁荣兴盛。①

　　中国式现代化是中国特色社会主义发展道路的具体化，是一项伟大而艰巨的事业。只有坚持和加强党的全面领导，发挥法治政府的引领作用，坚持以人民群众为中心的发展思想，才能不断推进中国式现代化进程。中国式现代化道路是引领未来的顶层设计，是中国共产党领导全国人民全面建设社会主义现代化强国的战略之路。作为人类文明的新形态，应坚持和继续深化改革开放，坚持以人民利益为中心，坚持高质量发展，持续以市场化、法治化推动高质量发展。

---

① 赵义良：《坚持党的领导是中国式现代化的本质要求》，《人民日报》2023 年 07 月 06 日，第 09 版。

（二）中国式现代化的历史支撑

韩喜平提出，从历史维度看，中国式现代化是中国共产党领导人民在推进中华民族伟大复兴进程中独立自主创造出来的一条成功道路。近代，西方列强以武力打开中国的国门。在国家危难时刻，在西方列强的侵略之下，中国人民觉醒并意识到，与已经实现了工业化并迈向现代化的西方资本主义国家相比，中国已经落后于时代。从外力倒逼、被动转变，到主动求变的进程，离不开党正确的领导。国家和民族的希望在变革中才能实现。先进思想武装的中国共产党，带领中国人民冲破思想的禁锢，从此开启探索中国式现代化道路征程。从模仿、崇尚西方到开创世界上独一无二的中国式现代化道路，是立足于本土的创新和大胆的探索，而中国式现代化道路成功的根源，就是坚持中国共产党的领导，坚持以人民利益为中心，坚持依靠人民群众推进现代化进程。党在运用马克思主义基本原理解决中国实际问题的过程中，逐步认识到实现现代化、实现中华民族伟大复兴"从来就没有教科书，更没有现成答案"，"中国的问题必须从中国基本国情出发，由中国人自己来解答"。这样的认识在革命、建设、改革过程中不断得到强化。相应的，在理论、制度、实践各方面，原创性内容越来越丰富，中国化特点越来越显著。中国式现代化道路在中国之所以走得通，是因为它遵循了现代化建设的一般规律，坚持了社会主义原则，但更为关键的是它坚持从中国实际出发、从中国文化传统出发，在现代化建设上做到了独立自主。①

新时代中国共产党的中心任务，就是团结带领全国人民全

---

① 韩喜平：《从四重维度理解中国式现代化》，《光明日报》2023 年 03 月 29 日，第 06 版。

面建成社会主义现代化强国，实现第二个百年奋斗目标，以中国式现代化全面推进中华民族伟大复兴。① 党的十八大以来，中国特色社会主义道路砥砺前行，中国特色社会主义建设取得了举世瞩目的伟大成就。中国共产党坚持把马克思主义基本原理同中国国情相结合，同时吸取传统文化的精髓，格物致知，充分认识事物本质特征，充分总结历史经验，不断自我革新，从新的实际出发，创立了习近平新时代中国特色社会主义思想，以中国式现代化全面推进中华民族伟大复兴。中国式现代化是中国共产党领导的社会主义现代化，是具有中国特色、符合中国实际的现代化，是实现中华民族伟大复兴的光明大道。② 中国式现代化是历史的选择，经得起历史的考验，是民心所归，是推进中华民族伟大复兴的必然选择。在中华民族危亡的关键时刻，志士仁人上下求索，寻求救国救民的道路。中国共产党审时度势，挽救国家危亡。新时代背景下，为实现国家的富强，中国共产党团结带领中国人民通过走中国式现代化道路，创造了经济发展和社会长治久安的繁荣局面，中国式现代化道路是历史的必然选择。

在所有国家，现代化都包含转型和发展两个维度的内容。在转型方面，现代化意味着摒弃古代僵化和压迫性的社会、政治和经济制度，代之以现代社会开放和自由的社会、政治和经济制度；在发展方面，现代化意味着民众收入水平和国力的不断提高。两者并不总是同步的，而且可能相互牵制。③

---

① 习近平：《高举中国特色社会主义伟大旗帜　为全面建设社会主义现代化国家而团结奋斗——在中国共产党第二十次全国代表大会上的报告（2022 年 10 月 16 日）》，人民出版社，2022，第 20 页。

② 韩正：《以中国式现代化全面推进中华民族伟大复兴》，《人民日报》2022 年 11 月 01 日，第 03 版。

③ 蔡昉等：《中国式现代化：发展战略与路径》，中信出版集团，2022，第 35 页。

党和国家反复强调现代化关乎国家和民族的前途命运，中国式现代化道路不同于西方的现代化道路，我们的现代化建设必须从中国的实际出发，适合中国情况，走出一条中国式的现代化道路。中国式现代化，其一必须是社会主义的现代化。中国式现代化，立足点是从中国的基本国情出发，中国式现代化，是社会主义现代化。中国的现代化建设只能靠社会主义，不能靠资本主义。其二，中国式现代化，是全面的现代化，是经济、政治、文化这类的全面现代化。

随着改革开放的不断深化，尤其是随着现代化建设的深入，中国共产党与时俱进，坚持以人为本，统筹国内发展和对外开放。党的十八大以来，以习近平同志为核心的党中央带领中国人民迈进中国特色社会主义新时代，社会主义现代化具有了新的内涵，其覆盖的内容也更加丰富。

在实现全面建成小康社会的第一个百年奋斗目标后，开启了建设现代化国家新征程的第二个百年奋斗目标。党的十九大对实现第二个百年奋斗目标做出分两个阶段推进的战略安排。要实现这一目标，必须坚持走自己的路，以中国式现代化路径建成一个令世界尊敬的、对人类文明做出重大贡献的现代化国家。[1]

中国人口规模超大，农民比例高，只有根据中国的具体国情和特点，将工业化、城镇化、信息化、农业现代化进行四化同步。解决结构失衡困境，才能实现人的全面发展和共同富裕。任何一个国家要建成现代化国家，都应解决好国家公权力的问题。基于中国的历史，基于中国的国情，中国共产党具有先进性、以人民为中心、代表广大人民群众的根本利益等特性，领

---

① 蔡昉等：《中国式现代化：发展战略与路径》，中信出版集团，2022，第87页。

导中国人民进行革命、建设、改革、开放和发展。新时期、新时代背景下，尤其是立于中国国情，要建成现代化国家，只能在党的领导下，不断完善中国特色社会主义制度，加快现代化国家构建，加快国家治理体系和治理能力现代化。

（三）中国式现代化的实践支撑

中国共产党百年来团结带领中国人民成功走出中国式现代化道路，创造了人类文明新形态。党对建设社会主义现代化国家在认识上不断深入，在战略上不断成熟，在实践上不断丰富，开创了中国式现代化道路。① 改革开放和社会主义现代化建设实践证明，中国式现代化道路实践上可行，成效上显著。在中国式现代化道路上，国家经济实力、科技实力、综合国力等持续增强，在基于国情基础上，全面把握中国式现代化的五个内涵和本质要求，坚持和全面加强党的领导，才能不断推进中国式现代化进程。

新中国的成立，使中国人民真正成为国家的主人，向美好生活迈进。中国共产党带领全国人民不断探索繁荣富强之路。先后提出了工业化、"四个现代化"、新型工业化、"新四化"同步发展等具有时代特色的国家发展战略。在先进理论的指导下，以改革开放为翼，以工业化进程为轮，用 40 余年时间，创造了世界奇迹。中国人民在中国共产党的领导下，坚持改革开放，加快工业化进程，从积贫积弱迈向中国式现代化，进入新时代。中国创造了人类的奇迹，体现在速度和成效两方面，工业化进程速度是人类工业化史上的奇迹，这都是在中国共产党领导下、在中国特色社会主义理论指导下实现的。从工业化到"四个现

---

① 韩正：《以中国式现代化全面推进中华民族伟大复兴》，《人民日报》2022 年 11 月 01 日，第 03 版。

代化"，再到"新四化"，党带领中国人民不断探索，提出了符合中国国情的发展战略。我国经济发展更加注重质量提升，信息化水平大幅提高，城镇化质量明显改善，农业现代化和社会主义新农村建设成效显著。[①] 以"后发赶超"为战略导向的现代化进程，是一个快速城镇化、高速工业化的过程，其中产生了不少发展不平衡等现实问题。因此，应从实现"新四化"角度出发，推进"新四化"，同步建成现代化经济体系。只有坚持党的领导，坚持法治政府建设，才能积极改善营商环境，为"新四化"的全面同步推进创造有利条件。中国式现代化是全体人民共同富裕的现代化，是由中国特色社会主义制度本质决定的，得到了中国人民的认同，全体人民参与现代化进程。中国共产党完成这个任务的途径是构建社会主义新文化，在社会主义的框架下构建中国人的国家认同。[②]

党的十九届六中全会提出："法治兴则国家兴，法治衰则国家乱；全面依法治国是中国特色社会主义的本质要求和重要保障，是国家治理的一场深刻革命；坚持依法治国首先要坚持依宪治国，坚持依法执政首先要坚持依宪执政。必须坚持中国特色社会主义法治道路，贯彻中国特色社会主义法治理论，坚持依法治国、依法执政、依法行政共同推进，坚持法治国家、法治政府、法治社会一体建设，全面增强全社会尊法学法守法用法意识和能力。"法治国家建设体现了全国人民的意志，是人民当家作主治理国家的体现，法治国家建设保障了广大人民群众最根本的意志和利益，贯穿着为广大人民群众最根本利益服务的原则。法治国家建设能够全面贯彻执行党的路线、方针和各项政策，引导广大人民群众奔向后小康社会。社会主义法治国

---

① 蔡昉等：《中国式现代化：发展战略与路径》，中信出版集团，2022，第 173 页。
② 同上，第 45 页。

家的实施与保障具有重要的现实指导意义。历史表明，不断推进国家法治化进程，为国家治理提供了最坚实的基础。法治国家建设的有效实施，保障了国家的治理体系。实践同样表明，具有中国特色的社会主义法治建设符合我国的国情，行之有效。

中国共产党治理国家的方式是自下而上，是由中国共产党的先进性所决定。中国共产党以人民利益为中心。中国共产党的中心任务就是团结带领全国各族人民全面建成社会主义现代化强国，以中国式现代化全面推进中华民族伟大复兴。从中国式现代化道路的形成过程中可以看出，最为关键的要素是中国共产党的领导。对后发国家而言，拥有一个积极、坚强、有效的国家领导力量是实现经济赶超的关键所在。在我国对社会主义现代化探索过程中，面对复杂多变的环境，在中国共产党的坚强领导下，科学制定并不断完善短中期现代化目标，坚持全面建设社会主义现代化国家的长期目标不动摇，充分发掘潜力、抓住机遇，我们党领导人民不仅创造了世所罕见的经济快速发展奇迹和社会长期稳定奇迹，而且成功走出了中国式现代化道路，创造了人类文明新形态。①

党的先进性还体现在党员的自我学习和自我升华方面。加强党史学习，不断提升自我素养，传承红色基因，保持党的先进性。红色基因作为中国共产党的精神内核，在党史学习教育中起着重要的作用。从党校肩负的历史使命出发，在党史学习教育中，要充分重视红色基因，充分用好红色资源，全面发挥红色资源的优势，发扬红色传统，实现育人的功能。以史为鉴，可正衣冠。习近平总书记多次对党史学习教育做出重要指示。2021 年 3 月，习近平总书记在参加十三届全国人大四次会议内

---

① 蔡昉等：《中国式现代化：发展战略与路径》，中信出版集团，2022，第 377-388 页。

蒙古代表团审议时强调，要抓好党史学习教育，教育引导全体党员不忘初心、牢记使命，坚定不移为中国人民谋幸福、为中华民族谋复兴，并指出"在党史学习教育中要用好这些红色资源，组织广大党员、干部重点学习党史，同时学习新中国史、改革开放史、社会主义发展史，做到学史明理、学史增信、学史崇德、学史力行"①。党中央也多次强调要把红色文化、红色基因代代相传，全面发挥红色资源的优势，全面利用好、发扬好红色传统和红色基因。习近平总书记的指示，为开展党史学习教育指明了方向。党校是中国共产党对党员、党员干部进行培训和教育的学校，其主要任务是通过培训教育，提高学员思想政治水平和解决问题的实践能力。结合新的形势，党校要重视红色基因在提高学员政治思想观念中的重要作用，进一步发挥红色资源的优势。在党史学习教育活动中，党校应当强化红色基因的作用，不断提高学员思想政治水平，进而发扬红色传统，实现育人功能。红色基因是中国共产党在马克思主义中国化的过程中，结合马克思主义的先进文化因素和优良的中国传统文化，形成的具有中国特色的基本文化单位。红色基因是中国共产党的精神核心，是革命精神的核心，是理想信念的继承，是具有中国特色的文化基因。红色基因彰显着马克思主义的真理力量，体现着马克思主义的价值立场，与马克思主义中国化在内生性上是同宗同源的。在深层次的思想内涵形塑上，马克思主义的科学性、革命性以及强大的生命力，赋予了红色基因无穷的生机和活力，也就是说，红色基因的传承弘扬与马克思主义中国化密不可分，在彰显马克思主义政党的宗旨理念、价值追求的同时，始终贯穿着马克思主义的基本理论和立场，因

①　赵宇：《用好红色资源生动教材　增强党史学习教育成效》，《青海日报》2021年4月26日，第008版。

而葆有永恒的魅力。① 独具中国特色的红色基因具有独特的性质。红色基因具有历史特性、中华民族特性、先进性、高人功能特性。第一，红色基因的载体是红色文化，红色文化是革命精髓，承载着中国共产党和中国人民浴血奋战的历史，因此，红色基因的第一特性就是历史特性。红色基因不仅传承了优秀的中国文化基因，同时吸引了马克思主义文化基因，不断壮大和发展，推动优秀文化促进社会发展。第二，红色基因具有深厚的文化根基，代表着党领导全国人民奋战的岁月，是中国人民独有的精神凝聚，是中国人民不畏艰难困苦，勇于挑战、坚持革命的真实写照，是中国人民所拥有的独特文化基因，具有中华民族特性。第三，党坚持和依靠唯物主义，以事实的真理，立足于中国历史实践，坚持理论指导实践，这充分证明了红色基因的先进性和科学性。红色基因的中华民族性和先进性，使其具备了育人功能这一特性。充分发挥红色基因的育人功能，有利于团结全国人民，通过继承和发展红色基因，尤其是充分挖掘中国式现代化建设征程中涌现出的典型英雄人物，使红色基因世代相传，用红色基因指导中国式现代化道路。因此，红色基因是中国人民的宝贵财富，在中国式现代化进程中发挥着重要作用。革命文化源自中华优秀传统文化，在近现代革命实践中得以成形。"不忘历史才能开辟未来，善于继承才能善于创新。"② 红色基因作为中国共产党的精神内核，是中国共产党领导全国人民在多年艰苦革命斗争和社会主义现代化建设实践中创造出来的，是中国共产党在长期革命和奋斗中锤炼的先进本

---

① 孙绍勇：《中国共产党红色基因百年赓续的精神解码及其文化涵育》，《思想教育研究》2021 年第 6 期，第 76 页。

② 李娜：《革命文化在民族团结进步事业中的价值呈现》，《山东干部函授大学学报》（理论学习）2019 年第 3 期，第 32 页。

质、思想路线、光荣传统和优良作风。红色基因，是中国共产党信仰的具体体现。红色基因依托红色资源，具备重要的育人功能。红色基因具有历史特性和民族特性，能够在党史学习教育中发挥重要的功能；红色基因具有科学特性和资源特性，也是最为珍贵的思想政治教育资源，在党史学习教育中发挥着重要作用。只有充分运用红色基因，大力拓展红色基因育人途径，才能更深入地开展党史学习教育活动，才能不断推进党史教育，让党史教育深入人心，让党史学习取得实效。

党校开展党史学习教育活动，是时代的要求，是重大的政治任务。开展党史学习教育，要充分发挥红色基因的教育功能；全方位、多层次地开展"多维一旨"党史学习教育活动。"多维"，即从多个维度开展党史学习教育活动，搭建一个动态学习中心。首先，明确党史学习教育的地位，将党史学习教育作为党校学员的"必修课"，常抓不懈；其次，以红色基因为载体，搭建动态学习中心，创新党史学习教育平台，结合 5G 智能时代大背景，有机结合智能化、现代化教育方式和手段，充分发挥红色互联网平台功能，借助"学习强国"、"红色微博"、"红色微信"、红色革命教育基地、模范人物巡讲等多样化的传播与教育方式，充分发挥新媒体的传播功能，创新学习教育平台，让党史的学习教育入耳入心，让党史的学习教育常态化、科学化、制度化，充分发挥红色基因的育人功能。党史学习要坚持"一旨"，即党史学习教育应围绕"坚定信仰信念，牢记初心使命"这一主旨进行。习近平总书记指出，要"多了解中国革命、建设、改革的历史知识，多向英雄模范人物学习，热爱党、热爱祖国、热爱人民，用实际行动把红色基因一代代传下去"①。要使党史学

---

① 习近平：《用实际行动把红色基因一代代传下去 做对国家对人民对社会有用的人》，《人民日报》2018 年 06 月 01 日，第 01 版。

习教育取得真正的实效，就需要充分发挥红色基因的育人功能。各个城市都具有丰富珍贵的红色基因，党校在开展党史学习教育活动中，要充分利用好珍贵的红色资源，坚持围绕"一旨"开展党史学习教育活动；在党员的培训教学中，全方位、多层次地开展"多维一旨"党史学习教育活动，积极引导广大党员干部认真学习党史，发扬红色传统，传承红色基因，使红色基因代代相传。

红色基因的传承，保证了党的先进性，党的先进性必然决定党对法治政府建设的领导，对中国式现代化的部署和指引。

历史实践表明，只有把思想上和行动统一到党中央对中国式现代化道路的重大决策和重要战略部署上来，只有有效发挥党在中国式现代化道路的顶层设计、总体布局和统筹协调，中国各族人民群众才能在中国共产党的坚强领导下，促进社会主义不断发展，实现共同富裕。

第二章　中国式现代化与法治政府建设

　　中国式现代化着力维护和促进社会公平正义，大力发展社会主义先进文化，加强理想信念教育，强调物质文明与精神文明的相互协调。中国式现代化的本质要求是坚持中国共产党领导，坚持中国特色社会主义，实现高质量发展。[①] 全面依法治国关系党执政兴国，关系人民幸福安康，关系党和国家长治久安。而法治政府建设是全面依法治国的重点任务和主体工程。[②] 中国式现代化的推动发展，离不开法治政府的全面建设，法治政府建设是中国式现代化的根本保障。扎实推进依法行政关系中国式现代化的进程，必须加强法治政府建设，在法治轨道上全面建设社会主义现代化国家。

　　法治兴则国家兴，法治衰则国家乱；全面依法治国是中国特色社会主义的本质要求和重要保障，是国家治理的一场深刻革命。中国式现代化进程的推进，必须坚持党领导人民依法治国，进一步完善国家各项法治建设工作，加大国家的立法工作、加强各类部门法的制定，完善法律监督工作，共同推进依法治国、依法执政、依法行政。坚持法治国家、法治政府、法治社

---

　　① 习近平：《高举中国特色社会主义伟大旗帜　为全面建设社会主义现代化国家而团结奋斗——在中国共产党第二十次全国代表大会上的报告（2022 年 10 月 16 日）》，人民出版社，2022，第 20-21 页。

　　② 同上，第 36-37 页。

会一体建设，增强全社会尊法学法守法用法意识和能力，增强党运用法治方式领导和治理国家的能力，推进国家治理体系和治理能力现代化。

党的十九大报告提出，从 2020 年到 2025 年，法治国家、法治政府、法治社会基本建成，国家治理体系和治理能力现代化基本实现。在全面建设社会主义现代化国家新征程中，要实现法治国家、法治政府、法治社会一体化的建设目标。党的二十大报告提出，坚持全面依法治国，推进法治中国建设，在法治轨道上全面建设社会主义现代化国家。法治政府建设是全面依法治国的重点任务和主体工程。由此可知，中国的法治政府建设是立足于中国的基本国情，在吸取人类文明共同成果的基础上，走出与西方不同的法治建设之路。中国的法治政府建设是为中国式现代化服务，是以人民为中心，立足于中国的国情和实践。

基于这样的理念，我们从党对法治政府建设的领导、法治政府建设改革成效、政府执法法治化、推进数字社会法治政府建设等四个维度出发，探究中国式现代化与法治政府建设。

一、党对法治政府建设的全面加强

党的十八大以来，中国共产党立足中国国情，进一步深刻总结法治政府建设的经验与做法，将全面依法治国纳入国家发展战略布局，法治政府建设作为全面依法治国的重点任务和主体工程，进入了协同推进和纵向发展的新阶段。在中国共产党的领导下，法治政府建设发生了历史性变革，取得了历史性的伟大成就。

（一）坚持党对法治政府建设的领导

中国共产党作为中国工人阶级的先锋队，同时作为中国人民和中华民族的先锋队，是中国特色社会主义事业的领导核心，代表中国先进生产力的发展要求，代表中国先进文化的前进方向，代表中国最广大人民的根本利益。中国共产党的最高理想和最终目标是实现共产主义。中国共产党的领导是法治政府建设最根本的保障，习近平总书记指出："党的领导是我国社会主义法治之魂，是我国法治同西方资本主义国家法治最大的区别。离开了党的领导，全面依法治国就难以有效推进，社会主义法治国家就建设不起来。"① 中国式现代化的推进，要始终坚持党对法治建设的领导，尤其是党对法治政府建设的领导要全面加强。中国共产党是我国长期执政的政党，是最高政治领导力量，是改革开放和全面建设社会主义现代化的领导核心，推进法治政府建设的关键在于坚持党的领导。党的领导是中国特色社会主义法治的根本保证，也是法治政府建设的根本保证。坚持党的领导是法治政府建设的根本行动指南。只有通过中国共产党的顶层设计，全面依法治国才有总目标、总抓手、战略布局、重大任务、重要保障，才能够顺利而持续推进。② 党的领导是法治政府建设的根本保证。只有党对法治政府建设的领导全面加强，新时代法治政府建设才能取得更卓越的成效，才能进一步推进中国式现代化进程。

党的领导与依法治国的内在统一性，是中国特色社会主义

---

① 孟祥锋：《在法治轨道上全面建设社会主义现代化国家》，《人民日报》2022年11月25日，第09版。

② 张文显：《习近平法治思想的政理、法理和哲理》，《政法论坛》2022年第3期，第5页。

法治的又一鲜明特征，也是我们在法治建设中必须坚持的一项基本原则。①

关于推进依法行政、建设法治政府的基本要求，《中共中央关于全面推进依法治国若干重大问题的决定》明确提出"各级政府必须坚持在党的领导下、在法治轨道上开展工作"，②因为中国共产党的领导是法治政府建设的根本保障。首先，中国共产党坚持依宪行政。依法行政，就是把政府工作全面纳入法治轨道，党的领导是社会主义法治最根本的保障。社会主义法治建设、法治政府建设和党的领导是一致的。从国家和社会治理的角度看，法治政府建设立足于现代化政府的整体价值，要推进中国式现代化，就必须全面加强党对法治政府建设的领导。2018 年 3 月，《深化党和国家机构改革方案》由中共中央印发贯彻，要求结合新的时代条件和实践要求，着力推进重点领域、关键环节的机构职能优化和调整。

党确立习近平同志党中央的核心、全党的核心地位，确立习近平新时代中国特色社会主义思想的指导地位。"两个确立"对新时代党和国家事业发展、对推进中华民族伟大复兴历史进程具有决定性意义。拥有坚强领导核心，才能凝聚奋进伟力；拥有科学思想理论，才能指引前进征途。"两个确立"，让我们更加深刻地认识到社会主义法治国家建设的核心和关键是党的领导。党兴则国兴，党兴则民安。人民是依法治国的主体和力量源泉，社会主义制度保证人民是法治国家建设的主体，而党代表的是最广大人民的根本利益，与人民的意志是一致的。党的领导法治化，即党领导人民依法治国，中国特色社会主义法治是"广大人民群众在党的领导下，依照宪法和法律规定，通

---

① 周世中：《法的合理性研究》，山东人民出版社，2004，第 284 页。
② 朱新力等：《中国法治政府建设：原理与实践》，江苏人民出版社，2019，第 6-7 页。

过各种途径和形式管理国家事务，管理经济文化事业，管理社会事务，保证国家各项工作都依法进行"，① 即党领导人民依法治国。"两个确立"对新时代党和国家事业发展、对推进中华民族伟大复兴历史进程具有决定性意义。拥有坚强领导核心，才能凝聚奋进伟力；拥有科学思想理论，才能指引前进征途。因此，坚持党的领导、实现党的领导法治化，是建设社会主义法治国家的核心。坚持党的领导，是社会主义法治的根本要求，是党和国家的根本所在、命脉所在。②

建构起职责明确、依法行政的政府治理体系，增强政府公信力和执行力，加快建设人民满意的服务型政府。③ 党的二十届二中全会根据党的二十大关于深化党和国家机构改革的重要部署，审议通过了《党和国家机构改革方案》。2023 年开始的新一轮党和国家机构的改革，紧扣实现中国式现代化，明显加快了国家治理现代化的步伐，是对推进国家治理现代化的新探索。作为中国特色社会主义制度的重要组成部分，党和国家机构职能体系是国家治理体系和治理能力的重要载体与支撑。党和国家机构改革，能够解决当前国家治理体系中出现的问题，有利于中国式现代化进程。

（二）全面加强党对法治政府建设的领导

国家生活具有复杂性、多样性等特点，因此，完善党的领导，要以马列主义、毛泽东思想、邓小平理论、"三个代表"重要思想、科学发展观、习近平新时代中国特色社会主义思想为

---

① 中共中央文献研究室：《习近平关于全面依法治国论述摘编》，中央文献出版社，2015，第 21 页。
② 中共中央文献研究室：《十八大以来重要文献选编》（中），中央文献出版社，2014，第 184 页。
③ 朱新力等：《中国法治政府建设：原理与实践》，江苏人民出版社，2019，第 26 页。

指导，在立法活动中坚持辩证唯物主义和历史唯物主义的基本原理，运用马克思主义的立场、观点和方法来指导党的领导工作，以便更好地解决法治建设进程的实际问题。完善党的领导，对法律的实施具有重要意义。新时代实现国家治理体系和治理能力现代化需要坚持党的领导。党的十九大将提高国家治理体系和治理能力摆到了一个重要的位置，多次提到国家治理体系和治理能力现代化问题。一方面，推进国家治理体系和治理能力现代化是一项长期、复杂的系统性工程。① 党的领导必须依靠社会主义法治，党的领导必须以宪法和法律为依据，党对国家和社会的治理都必须依据宪法和法律，即党要依法领导，党的领导要逐步实现法治化。党要依法行政治理国家，就需要加强国家的立法工作，加强立法机关建设工作，完善国家法律制度。我国是社会主义国家，宪法的制定体现的是全国人民的意志。因此，在制定宪法和法律时，要广泛听取和吸取人民群众的意见，这对于开展和推动立法工作、完善党的领导、提高法律完备性都具有重要意义。

加强党的全面领导是深化党和国家机构改革的核心要求和首要任务。加强党的全面领导是法治政府建设的根本保障。着眼于有效应对百年未有之大变局，加快国家治理现代化的步伐，不断推进民族复兴，全面加强党对法治政府建设的领导，才能不断增强政府的公信力和执行力。只有加快法治政府建设的步伐，才能建设人民满意的服务型政府，才能推动中国式现代化进程。

加强中国共产党对法治政府建设的领导，是由党的先进性决定的。加强中国共产党对法治政府建设的领导，是法治政府

---

① 白永秀：《新时代如何更好坚持和发展中国特色社会主义》，《政治经济学评论》2022 年第 1 期，第 52 页。

建设最根本的保障，是推动中国式现代化的根本保障。党的领导能够有效推进全面依法治国，加强社会主义法治国家建设，不断推进中国式现代化的进程。因此，推进法治政府建设的关键在于加强党的领导，保证法治政府建设取得应有的成效。

法治国家的建设和法治政府的建设都与中国式现代化进程紧密相连。全面依法治国是中国特色社会主义的本质要求和重要保障，是国家治理的一场深刻革命；坚持依法治国首先要坚持依宪治国，坚持依法执政首先要坚持依宪执政。党对国家和社会的领导都必须要在法治的轨道上进行，必须要以宪法和法律明确执政党如何执政、党如何领导国家和社会，明确规定党如何在宪法和法律的范围内活动，并明确党的领导职权和行使领导职权的程序，将党的领导置于宪法和法律的框架之内。[①] 必须坚持中国特色社会主义法治道路，贯彻中国特色社会主义法治理论，坚持依法治国、依法执政、依法行政共同推进，坚持法治国家、法治政府、法治社会一体建设。维护党的领导是保证法治国家建设的前提条件，加强政府法治建设，将党的领导置于宪法和法律的范围内，让权力在法治轨道中行使，坚持依法领导，才能促进法治社会的建设，即法治国家、法治政府和法治社会的建设是一体的。

---

① 宋俭、朱妍：《论建设社会主义法治国家的核心和关键》，《云南社会科学》2017年第1期，第22页。

二、法治政府建设改革卓有成效

（一）法治政府建设历史梳理

全面依法治国、建设法治政府和国家是关系我们党执政兴国、关系人民福祉、关系国泰民安的重大战略问题。因此，中国共产党一直都非常重视法治国家和政府的建设工作。在新民主主义革命时期，党根据历史和国情制定《土地法》等大量法律法令，创建了人民调解制度等。新中国成立后，党根据历史和当时的基本国情，确定了国家的政治制度和立法及司法体制，巩固和推动了社会主义政权建设，促进了国家的发展。党与时俱进，在党的十五大提出依法治国、建设社会主义法治国家，党的十六大和十七大提出坚持人民当家作主和依法治国有机统一，加快了法治国家和法治政府建设的力度，尤其是党的十八大以来，以习近平同志为核心的党中央把握国内外具体形势，从人民利益出发，以人民群众为中心，加快了社会主义法治国家、法治政府的建设进程。党的二十大强调在法治轨道上全面建设社会主义现代化国家，强调法治政府建设是全面依法治国的重点任务和主体工程。①

在以习近平同志为核心的党中央坚强领导下，新时代中国特色社会主义法治建设取得历史性成就、发生历史性变革。加强党对全面依法治国集中统一领导，完善党领导立法、保证执

---

① 习近平：《高举中国特色社会主义伟大旗帜　为全面建设社会主义现代化国家而团结奋斗——在中国共产党第二十次全国代表大会上的报告（2022 年 10 月 16 日）》，人民出版社，2022，第 20 页。

法、支持司法、带头守法制度，党对全面依法治国的领导更加坚强有力。完善顶层设计，编制法治中国建设规划、法治政府建设实施纲要、法治社会建设实施纲要，统筹推进法律规范，法治实施、法治监督、法治保障和党内法规体系建设，全面依法治国总体格局基本形成。①

中共中央、国务院印发《法治政府建设实施纲要（2021—2025年）》并发出通知，要求各地区、各部门结合实际，认真贯彻落实。在习近平法治思想指导下，在党中央统一部署下，法治政府作为全面依法治国的重点任务和主体工程，必然推进国家治理体系和治理能力现代化。在中国式现代化的新发展阶段，党领导法治政府建设，持续深入推进依法行政，全面建设法治政府，坚定不移走中国特色社会主义法治道路，中国未来的法治建设一定会更加卓有成效。

（二）法治政府建设改革卓有成效

中国式现代化新发展阶段，法治政府"放管服"改革不断深入发展，作为政府重点建设内容，法治政府建设与服务型政府建设深度融合，以民为本，改革与法治良性互动。通过转变政府职能，深化行政执法体制改革，确保营商环境法治化建设有法可依，提高"放管服"改革的法治化水平。② 法治政府建设与服务型政府建设的深度融合，能够提高行政效率和公信力，维护社会公平正义。在习近平法治思想指导下，法治政府建设改革是中国共产党立足于基本国情，基于新时代特色新征程法治国家建设所实施的，不断提高政务服务水平，不断加大政府

---

① 中共中央宣传部、中央全面依法治国委员会办公室：《习近平法治思想学习纲要》，人民出版社、学习出版社，2021，第5页。
② 马怀德：《新时代法治政府建设的使命任务》，《政法论坛》2023年第1期，第16页。

监管力度，进一步完善依法行政制度体系，法治政府建设改革卓有成效。全面依法治国是国家治理的一场深刻革命，关系党执政兴国，关系人民幸福安康，关系党和国家长治久安，必须更好发挥法治固根本、稳预期、利长远的保障作用，在法治轨道上全面建设社会主义现代化国家。我们要坚持走中国特色社会主义法治道路，建设中国特色社会主义法治体系，建设社会主义法治国家，围绕保障和促进社会公平正义，坚持依法治国、依法执政、依法行政共同推进，坚持法治国家、法治政府、法治社会一体建设，全面推进科学立法、严格执法、公正司法、全民守法，全面推进国家各方面工作法治化。① 法治政府建设是全面依法治国的重点任务和主体工程。在党的全面领导下，中国的法治政府建设改革卓有成效。

在全面推进依法治国的时代背景下，法治政府建设作为全面推进依法治国的重点任务和主体工程，得到了高度的关注。随着行政许可法、政府信息公开条例等一系列重要法律法规的颁布，行政机关的行为和活动基本上都有了法律依据，依法行政的制度体系日趋丰富完善，政府活动的法治化程度日益提高。② 党的十八大以来，党中央提出全面推进依法治国理念，新时代新征程下法治政府建设正在不断向纵深发展。在中国式现代化新征程中，在推进全面依法治国大背景下，中国的法治政府建设改革成效显著，法治政府建设力度日益加强，行政执法监督机制和能力建设日益强化。

行政执法责任制严格落实，基层综合执法体制机制不断完

---

① 习近平:《高举中国特色社会主义伟大旗帜 为全面建设社会主义现代化国家而团结奋斗——在中国共产党第二十次全国代表大会上的报告（2022 年 10 月 16 日）》，人民出版社，2022，第 36 页。

② 马怀德:《法治中国新时代》，外文出版社，2021，第 71 页。

善。总体而言，我国的法治政府建设对于法治国家和法治社会建设的示范引领作用开始显现。①

三、政府执政法治化向纵深发展

（一）坚持在法治轨道上推进中国式现代化

中国的法治政府建设，在吸取人类文明共同成果的基础上，走出了与西方完全不同的行政法治道路。在全面建设社会主义现代化国家、推进中国式现代化进程的道路上，应坚持在法治国家、法治政府、法治社会建设轨道上促进中国式现代化的进程。法治政府建设与中国式现代化进程紧密相连，各级政府在党的领导下，在法治轨道上开展工作；牢固树立依法行政观念，行政决策合法性审查依规、依程序进行。推进综合执法、阳光透明的法治政府认真履行政治职能、公共服务职能、生态环境保护职能等各项职能，为中国式现代化提供保障，中国式现代化同样需要法治政府的引领。

（二）政府执政法治化深入推进

法治政府建设最重要、最基本的要求是依法行政。依法行政包括依法制定行政法规、规章和规范性文件，也包括依法执法。在行政立法日趋完善的条件下，相较于依法进行行政立法，依法执法在依法行政中具有更为重要的地位。② 行政执法是行政权力运行的最主要方式，是否公正执法，是否严格规范执法，

① 马怀德：《法治中国新时代》，外文出版社，2021，第75页。
② 姜明安：《法治政府建设的四个关键点》，《人民论坛》2018年第5期，第100页。

直接体现政府执法执的政法治化水平，也直接关系人民群众的切身根本利益，更关系党和政府的法治形象。在中国式现代化新征程中，通过深入改革行政执法体制，不断确保法律有效实施，不断推进公正文明执法，法治政府工作效率进一步提升，政府执政法治化深入推进。

法治政府要求政府依法行使权力和履行依法行政。[①] 依法行政就要求政府执法执政法治化，各级政府必须坚持在党的领导下，在法治轨道上开展工作，权责法定、执法严明、公开公正、守法诚信。简而言之，法治政府建设的关键之处就是要依法行政，执政法治化。其一，行政合法性，行政权力的获得和行使都必须依据法律，符合法律；其二，行政合理性，一切从人民利益出发，公平、公开、公正，不断增强政府的公信力和执行力。依法行政就是依据法律进行行政管理。依法行政就是行政机关依法行使行政权力，或者说，行政机关行使行政权力、管理公共事务，必须有法律授权，并依据法律。法律是行政机关据以活动和人民对该活动进行评判的标准。依法行政的目的在于切实保障公民权利。[②] 保障公民权利是法治的出发点，是一切行政法、行政行为的目标。[③] 推进法治中国建设，必须坚持以人民为中心，必须把体现人民利益、反映人民愿望、维护人民权益、增进人民福祉落实到全面依法治国各领域全过程。习近平总书记强调，必须牢牢把握社会公平公正义这一法治价值追求，努力让人民群众在每一项法律制度、每一个执法决定、每一宗司法案件中都感受到公平正义。新征程上，法治建设要紧紧围绕保障和促进社会公平正义的价值追求展开，切实营造

---

① 朱新力等：《中国法治政府建设：原理与实践》，江苏人民出版社，2019，第 4 页。

② 周世中：《法的合理性研究》，山东人民出版社，2004，第 353 页。

③ 同上，第 355 页。

更加公平的社会环境，更好维护最广大人民根本利益，加强人权法治保障，加大关系群众切身利益的重点领域执法力度，切实保障人民群众一切合法权益。①

只有依法行政，依据法律进行行政管理，才是最基本、最有效和最可靠的方式。在党的领导下形成习近平法治思想，体现出我国国家制度和国家治理体系的显著优势，全面依法治国，全面依法行政，不断推进政府执政法治化的进程，能够最大限度凝聚社会共识，形成推进党和国家事业发展的强大合力，不断推进中国式现代化新征程。

四、数字法治政府建设水平全面提高

（一）何为数字社会

数字社会从知识主义维度讲，其要旨是数据、信息、知识等极大丰富并成为社会核心资源，智能化技术引发知识生产和传播加速，创新活动空前活跃。数字社会在技术基础、经济基础、主体结构、治理模式和社会文化等方面呈现多种特征。② 习近平法治思想坚持唯物辩证法方法论，习近平总书记提出坚持一切从实际出发，既要看到社会主义初级阶段基本国情没有变，也要看到我国经济社会发展每个阶段呈现出来的新特点。③ 法

---

① 孟祥锋：《在法治轨道上全面建设社会主义现代化国家》，《人民日报》2022 年 11 月 25 日，第 09 版。

② 丁波涛：《从信息社会到智慧社会——智慧社会内涵的理论解读》，《电子政务》2019 年第 7 期，第 120 页。

③ 习近平：《辩证唯物主义是中国共产党人的世界观和方法论》，《求是》2019 年第 1 期，第 12 页。

治政府建设正是立足于基本国情,把握数字社会新阶段新特点,坚持实事求是和问题导向,合理运用大数据、人工智能等新兴科学技术,坚持以人为本,立足人民群众的需求,以数字正义观、价值观为引领,使数字法治政府建设更加透明和公正。

数字化、网络化、大数据、人工智能等当代信息科技的快速发展和广泛运用,孕育了"数字社会"这一特定的技术与社会建构及社会文化形态。数字技术进步和数字社会发展,成为当代人类社会变迁发展的一大重要特征,这一过程的展开有其内在必然性,是不可逆转的。① 数字社会最显著的特点就是其基本架构和运行都以数字转换为前提,立足于互联网+时代特色,得益于网络智能化等助推,架构起全新的活动平台与时代新路径。数字社会最突出的特征是数据共享和资源整合,人们能够对各类资源进行最大的利用,使其发挥出最大的功效,突破时间、空间等限制。基于此,数字社会对法治政府建设提出了更高的要求和标准。在数字化的大时代背景下,社会生活中政治参与、服务提供等都呈现出深刻的变化,体现在方式和运行机制等方面的深刻变革。

法治政府建设应与时俱进,充分利用好大数据、人工智能等,全面提升法治政府的建设水平。以浙江省的"最多跑一次"改革为例,政府通过数据和网络多跑路,群众不用跑,互联网、大数据等信息技术是推进"最多跑一次"改革的关键技术支撑。依托省、市、县、乡、村五级联动的政务服务网,推进权力事项集中进驻、网上服务集中提供、政务信息集中公开、数据资源集中共享,做到一网通办。建成 12345 统一政务咨询投诉举

---

① 白云:《数字化、网络化、大数据、人工智能等当代信息科技的快速发展和广泛应用》,个人图书游网,http://www.360doc.com/content/19/0806/11/825651_853276319.shtml,访问日期:2023 年 5 月 26 日。

报平台，完善办事咨询服务体系，统一处理群众投诉举报。推进各级各部门信息系统互联、基础数据库建设和公共数据共享，打破信息孤岛，推动"一次录用、大家共用"和"一个数据用到底"。①

（二）数字化对法治政府建设提出新的要求

党的十九届五中全会强调，加强数字社会、数字政府建设，提升公共服务、社会治理等数字化智能化水平。随着大数据、物联网等信息技术应用快速发展，政府治理方式也发生很大变化，数字政府的功能作用日益明显，越来越成为创新行政管理方式、提高行政效能、建设服务型政府的重要路径。②数字时代对政府治理能力和治理方式、治理建设等都提出了新的要求。政府利用人工智能、大数据等信息技术，才能不断促进依法行政，不断深度融合法治政府建设与治理信息化，全面优化治理方式，科学简化治理流程，涌现出更多的"最多跑一次"等改革实例，从而实现公平、公正、正义为目标的法治政府建设需求。

全面推进行政执法信息化建设是法治政府建设的必然要求。行政执法机关要加强执法信息管理，及时准确公示执法信息，实现行政执法全程留痕，法治审核流程规范有序。加快推进执法信息互联互通共享，有效整合执法数据资源，为行政执法更规范、群众办事更便捷、政府治理更高效、营商环境更优化奠定基础。

加强信息化平台建设的重要意义不言而喻。依托大数据、

---

① 朱新力等：《中国法治政府建设：原理与实践》，江苏人民出版社，2019，第47页。
② 李胜、陈加友、陈讯：《建设数字政府　提升治理现代化水平》，《光明日报》2021年01月28日，第08版。

云计算等信息技术手段，大力推进行政执法综合管理监督信息系统建设，充分利用已有信息系统和数据资源，逐步构建操作信息化、文书数据化、过程痕迹化、责任明晰化、监督严密化、分析可量化的行政执法信息化体系，做到执法信息网上录入、执法程序网上流转、执法活动网上监督、执法决定实时推送、执法信息统一公示、执法信息网上查询，实现对行政执法活动的即时性、过程性、系统性管理。认真落实国务院关于加快全国一体化在线政务服务平台建设的决策部署，推动政务服务"一网通办"，依托电子政务外网开展网上行政服务工作，全面推行网上受理、网上审批、网上办公，让数据多跑路、群众少跑腿。①

（三）数字法治政府建设水平全面提高

数字社会要求坚持运用互联网、大数据、人工智能、5G技术等多种技术手段，促进法治政府建设。目前，在中国共产党的领导下，我国加快了数字法治政府建设力度，正全面建设智慧法治政府。各级地方政府着力实现政府治理信息化与法治化深度融合，加快网络信息平台、大数据运用等各类信息化、智慧化平台建设，加快推进政务服务向移动端延伸，推行更多掌上办政务服务事项。法治政府积极优化并整合法治领域的各类信息，分级分类推进新型智慧城乡建设，促进城乡治理转型升级。通过运用大数据分析、互联网+、5G网络等，加快构建全国一体化政务大数据体系，加快推进政府公开服务机构数据共享，同时，积极推进智慧执法、智慧监管等，逐步建立了全国

---

① 《国务院办公厅关于全面推行执法公示制度执法全过程记录制度重大执法决定法制审核制度的指导意见》（国办发〔2018〕118号），中华人民共和国中央人民政府网，https://www.gov.cn/zhengce/content/2019-01/03/content_5354528.htm，访问日期：2023年6月12日。

行政执法数据库。

　　当前，数字法治政府建设水平进一步提高。在党的领导下，在习近平法治思想的指引下，在中国式现代化进程的推动下，中国未来一定会全面建成一个集约高效、便民利民、智慧开放的法治政府数字化体系。

第三章　中国式现代化语境下法治政府
建设面临的挑战

习近平总书记提指出，谋划和推进党和国家各项工作，必须深入分析国际国内大势，科学把握我们面临的机遇以及风险挑战。我们要深入学习，全面贯彻党的二十大精神，深刻把握全面建设社会主义现代化国家面临的形势。[①] 中国特色社会主义进入新时代，我们应充分认识到中国式现代化新征程中法治政府建设所面临的挑战。法治政府整体上是一个通过宏观的目标设定与细部的任务描述，勾勒出的应满足特定要求的政府概貌；是官方从法治的视角，对政府权力运行状态的阶段性理想定位；是一个围绕阶段目标有意识的制度建构；是针对现实问题，基于政府职能定位，就如何促进政府依法全面履职、全过程约束行政权力而进行的制度规范创制。[②] 法治政府建设是一项长期而艰巨的任务，需要综合考量立法与改革的契合度、纠纷解决机制的运用、行政效能和行动绩效的落实等，法治政府建设任重道远。随着人民群众对美好生活需要的不断增加和国

---

① 谢伏瞻：《深刻把握全面建设社会主义现代化国家面临的形势》，求是网，http://www.qstheory.cn/dukan/qs/2022-11/16/c_1129126448.htm，访问日期：2023 年 1 月 20 日。

② 刘国乾：《法治政府建设：一种内部行政法的制度实践探索》，《治理研究》2021年第 3 期，第 123 页。

内外发展环境的日益复杂，在新的时代下，在中国式现代化语境下，我国的法治政府建设面临着不少挑战。

一、现实维度：立法与改革契合度有待提高

（一）走向中国式现代化的立法

国家的一切权力属于人民，坚持人民当家作主，充分调动人民群众的积极性，就必须坚持党领导立法。法是党的主张和人民意愿的统一体现，坚持党总揽全局、领导立法，不断完善党委领导、人大主导、政府依托、各方参与的立法工作，结合时代特色与时俱进，尤其需要结合中国式现代化的实践道路。立法是国家机关依照法定职权和程序制定、补充、修改或废止法律和其他规范性法律文件以及认可法律的一种专门性活动。在中国，要坚持党的领导，立法是将党的主张和人民群众的意志通过法定程序上升为国家意志的活动，是对社会资源、社会利益进行的第一次分配活动。

因此，立法的重要意义不言而喻。立法是人民群众根本利益表达的必要途径和方式，立法还有指导未来的预测功能，是依法治国、建设法治国家的基础性活动。走向中国式现代化的立法，必将为中国式现代化提供有力的法治保障。走向中国式现代化的立法，应坚持科学立法、民主立法、依法立法；是我国人民当家作主的生动实践。2023 年 3 月 5 日，《立法法修正草案》提请十四届全国人大一次会议审议。修改立法法是新时代加强党对立法工作的全面领导，通过法治保证党的路线方针政策和决策部署贯彻执行的必然要求，是新时代坚持和发展全

过程人民民主，通过法治保障人民当家作主的客观要求，是新时代推进全面依法治国、依宪治国，建设社会主义法治国家的重要举措，是总结新时代正确处理改革和法治关系的实践经验，更好坚持在法治下推进改革和改革中完善法治相统一的现实需要。① 改革是"破"，法治是"立"，"立"的核心是立法。改革要突破固化藩篱，法治则要保持相对稳定性，要防止改革与法治背道而驰或相互掣肘，就要抓住提高立法质量这个关键。习近平总书记指出，"科学立法是处理改革和法治关系的重要环节。要实现立法和改革决策相衔接，做到重大改革于法有据、立法主动适应改革发展需要。在研究改革方案和改革措施时，要同步考虑改革涉及的立法问题，及时提出立法需求和立法建议"。为此，一方面，重要领域立法要坚持问题导向，深入推进科学立法、民主立法，完善立法体制和程序，提高立法的针对性、及时性、系统性、可操作性，发挥立法对改革的引领和推动作用。另一方面，应当把立法决策、立法规划、立法项目、立法草案等与改革决策紧密结合起来，立法要主动适应改革发展需要，通过立法把执政党的重大决策及时法律化，并加强法律解释工作，及时明确法律规定含义和适用法律依据。②

立法法的修订与时俱进，有效推进中国特色社会主义法治体系建设，保障在法治轨道上全面建设社会主义现代化国家，为中国式现代化提供有力的法治保障。

---

① 王晨：《关于〈中华人民共和国立法法（修正草案）〉的说明》，中国人大网，http://www.npc.gov.cn/npc/c1773/c1848/c21114/lffxz/lffxz007/202303/t20230306_423962.html，访问日期：2023 年 6 月 12 日。

② 王敬波：《坚持改革和法治相统一相协调》，《光明日报》2021 年 02 月 23 日，第 11 版。

（二）立法与改革契合度探究

在全面建设社会主义现代化国家的新征程中，我国同时面临着全面深化改革和全面依法治国的繁重任务。习近平总书记提出："改革与法治如鸟之两翼，车之两轮。"① 只有做到在法治下推进改革，在改革中完善法治，才能有效提升国家治理现代化水平和推进中国式法治现代化。② 基于国内外复杂的发展环境，数字社会的巨大变革，立法与改革的契合度仍有待进一步提高，这给法治政府建设带来了新的挑战。立法与执法的脱节，使重大决策常常难以实现，改革与立法同步推行使法治政府建设缺少法治护航；快速发展的数字智慧社会，因其快速传播、边界模糊性等各种特点，使法治政府建设面临新的挑战。

中国法治建设进程推进越快，对高水平立法的需求就越迫切。现阶段，面对信息科技的迅猛发展和新业态的不断涌现，在经济社会的各个发展领域中，新的法律问题不断产生，需要加快制定、修改相关法律法规，从制度层面寻找对策。然而，这些法律问题涉及经济社会生活的方方面面，数量极其庞大，立法资源相较之下非常有限。为了把有限的立法资源用到刀刃上，需要在坚持问题导向的同时，区分轻重缓急，急用先行，加强重点领域立法。③ 良好的立法是法律实施的基础，处理好立法和改革的关系，有利于提高立法与改革的契合度，也是处理好法治和改革关系的前提性环节，在改革全过程中有效提高立法质量和立法效率。④ 在推进中国式现代化进程中，在继续

---

① 习近平：《论坚持全面依法治国》，中央文献出版社，2020，231 页。
② 马怀德：《新时代法治政府建设的使命任务》，《政法论坛》2023 年第 1 期，第 19 页。
③ 马怀德：《法治中国新时代》，外文出版社，2021，第 48 页。
④ 同上，第 53 页。

保持并深化改革开放的新征程中，需要及时清理与现代化建设与改革实践相脱节的立法，只有通过"立改废释"并举，才能推进行政执法体制改革，只有及时修改调整已制定出来的法律，使其随社会发展而调整，才能为法治政府建设保驾护航。

法治政府需要履行宏观调控、市场监管、社会治理、公共服务、生态环境保护等五大政府职能。各级政府承担着推动经济社会发展、管理社会事务、服务人民群众的重要职责。要履行政府的五大职能，依法行政就必须有完备的法律规范体系，优化政府法治、政府依法行政的实施效果。

二、规范维度：一站式多元纠纷解决机制的现实问题

（一）一站式多元纠纷解决机制的现实问题

一站式多元纠纷解决机制相对于传统的司法一元纠纷解决方式，为解决纠纷提供了更多方案。虽然多元纠纷解决机制有其独特的特点，但在实践中仍然存在误用的情况，导致司法公正力受到破坏，突破了法律底线。这样的纠纷解决方式过犹不及，带来的影响是深刻而巨大的，不仅损害了传统司法一元化机制，更会对司法权威造成深入的破坏，进而影响法治政府的建设和权威，同时影响法治国家的建设进程。

中国当下人际社会关系结构形式是一种以熟人社会模式为支配、以市民社会为发展方向，熟人社会与陌生人社会互动的社会人际关系结构，我们称之为"双重面相社会"。简言之，"双重面相社会"即指当下中国社会处于关系社会和市民社会的双

重规则的形态之下。"双重面相社会"中的市民社会面相强调中国社会已经分化为一个利益多元的社会，而且利益多元化引发的冲突要求普遍行为规则，即法律和法治的实现，这要求树立法律的权威。[①]

中国传统社会是熟人社会，因此法律权威的树立和法治政府的建设都需要综合考量这种隐性制度化。基于此，一站式多元纠纷解决机制存在的问题主要包括多元化的矛盾化解体系还没有完全形成，本土熟人社会隐性制度化仍然是较大的障碍，矛盾化解机制体系仍然不够健全，同时，多元纠纷化解主体的专业化水平仍待进一步提高，保障机制有待进一步健全。最后，由于缺乏统一的法律规章制度，现实层面上不同调解机构之间的解决方案也不尽一致，操作性方面缺乏借鉴性和普适性。法治政府的建构要求树立法律权威，只有符合人民群众利益要求的法律，才能获得人民群众的支持和认同。同样，一站式多元纠纷解决机制也必须立足于现实。从法律实现的角度看，解决纠纷就是在具体案例和法律规则之间建立起一种或多种有效的联系，使人民群众能够通过多元纠纷解决机制获得稳定预期。

（二）健全社会矛盾纠纷化解机制

矛盾纠纷处理不当，可能损害人民群众的合法权益，影响人民群众的幸福生活。在中国的矛盾纠纷化解体系中，通常有三道防线，人民调解是第一道防线，仲裁、行政裁决、行政复议等方式是第二道防线，司法审判是最后一道防线。从第一道防线到最后一道防线，纠纷由多到少、由简单到复杂，逐级递进。三道纠纷解决防线的设置，使得各类纠纷都能找到最佳解

---

① 杨清望：《法律权威：来源与建构》，知识产权出版社，2010，第108页。

决途径，只有这样，才能更好地让上诉与非诉讼纠纷解决机制各司其职、相得益彰，才能更好地从源头化解矛盾纠纷。① 如果矛盾纠纷处理不当，就有可能损害人民群众的合法权益，破坏法治政府的公信力和形象。健全社会矛盾纠纷化解机制，重视人民调解，尽量将矛盾纠纷化解在人民调解之中。当纠纷的调解上升到司法审判这一环节,就必须体现出司法的公正公平；有效化解矛盾纠纷，才能依法保障人民群众的合法权益。

三、实施维度：行政执法不规范问题仍然存在

（一）法律的生命在于实施

行政执法是法治政府最为重要、最为普遍的行政活动。2019年1月3日,《国务院办公厅关于全面推行行政执法公示制度执法全过程记录制度重大执法决定法制审核制度的指导意见》发布，就全面推行行政执法公示制度、执法全过程记录制度、重大执法决定法制审核制度工作有关事项提出明确要求。② 我国虽然已经形成相对较为完善的行政法律规范体系，但行政执法不规范现象仍时有发生，法律的实施效果有待进一步落实。由于官本位等思想的影响，在行政执法的各个领域，仍然存在一定程度的执法不规范、不作为、乱作为等现实问题。不规范的行政执法行为，极大地影响了法治社会建设进程，直接影响

---

① 马怀德：《中国法治新时代》，外文出版社，2022，第125页。
②《国务院办公厅关于全面推行行政执法公示制度执法全过程记录制度重大执法决定法制审核制度的指导意见》（国办发［2018］118号），中华人民共和国中央人民政府网，http://www.gov.cn/zhengce/content/2019-01/03/content_5354528.htm，访问日期：2023年6月12日。

了法律的有效实施，阻碍了法治政府的全面建设。

执法具有广义和狭义两种。广义的执法指一切执法活动，狭义的执法仅指国家行政机关和法律授权、委托的组织及其公职人员依照法定职权和程序贯彻实施法律的行为。狭义的执法仅指国家行政机关和法律授权委托的组织及其公职人员在行使行政管理权的过程中，依照法定职权和程序贯彻实施法律的活动。[①]

本节所讲的执法是狭义上的执法，仅分析行政执法活动。执法是法的实施的重要组成部分和基本实现方式。法的生命在于实施。宪法规定，国家行政机关是国家权力的执行机关，国家行政机关职权范围广泛，涉及各个领域。由于执法内容和范围广泛这一主要特征，行政执法不规范现象仍然存在。行政执法的主体具有特定性，只有行政机关及其公职人员才能作为执法主体。由于行政执法主体具有这样的特定性特征，使不少行政执法人员产生了"权力"的思想，产生了"官本位"等错误思想，导致行政执法不规范行为发生。行政机关的执法作为我国执法体系中最重要的执法，主要包括政府的执法和政府工作部门的执法。

《国务院办公厅关于全面推行行政执法公示制度执法全过程记录制度重大执法决定法制审核制度的指导意见》明确提出，以习近平新时代中国特色社会主义思想为指导，全面贯彻党的十九大和十九届二中、三中全会精神，着力推进行政执法透明、规范、合法、公正，不断健全执法制度、完善执法程序、创新执法方式、加强执法监督，全面提高执法效能，推动形成权责统一、权威高效的行政执法体系和职责明确、依法行政的政府

[①] 张文显：《法理学》（第三版），高等教育出版社、北京大学出版社，2008，第246页。

治理体系，确保行政机关依法履行法定职责，切实维护人民群众合法权益，为落实全面依法治国基本方略、推进法治政府建设奠定坚实基础。坚持执法为民。牢固树立以人民为中心的发展思想，贴近群众、服务群众，方便群众及时获取执法信息、便捷办理各种手续、有效监督执法活动，防止执法扰民、执法不公。①

政府工作部门按照法律的规定，应在职权范围内行使执法权。随着社会管理模式的转变，依法治国制度的确立，政府工作部门的行政执法行为都将纳入法治化管理，行政执法不规范行为将进一步减少。行政执法主体在中国式现代化进程中，应遵循合法性原则，行政执法本身的合法性将利于形成良好的行政管理秩序，树立执法的权威，进而实现法治秩序；依法行政取得实际成效，才能实现依法治国。同时，行政执法还应该遵循合理性原则，在执法活动中，尤其是涉及行使自由裁量权时，应做到客观、公正、公平、合乎理性，减少行政执法不规范行为。

（二）行政执法不规范问题仍然存在

中国法治国家建设不断推进，法治政府建设不断完善，已经形成相对完善的行政法律规范体系。作为法治政府实施最为重要、最为普遍的行政活动，行政执法与人民群众密切相连，不规范的行政执法行为，不作为、乱作为等行政执法行为，不仅直接影响法律的有效实施，破坏政府公信力，同时会影响法

---

① 《国务院办公厅关于全面推行行政执法公示制度执法全过程记录制度重大执法决定法制审核制度的指导意见》（国办发〔2018〕118号），中华人民共和国中央人民政府网，https://www.gov.cn/zhengce/content/2019-01/03/content_5354528.htm，访问日期：2023年6月12日。

治社会建设进程，阻碍中国式现代化进程。全面推行行政执法公示制度、执法全过程记录制度、重大执法决定法制审核制度等，有利于增强依法行政的意识，有利于减少怠于履职、不正确履职等相关现实问题。行政执法是法治政府实施最重要的活动，只有全面推行行政执法公示制度，将执法过程进行记录，尤其是针对重大事项的执法决定，才有利于进一步落实法律实施效果，减少不利因素的影响。只有进一步完善行政法律规范体系，才能减少不规范行政执法活动，推进法治政府和法治社会建设进程。

行政执法主体应在法律规定的权限范围内行使职权，不可超越法律而行为。一切行政执法活动必须有法律依据，符合法律要旨，不仅执法内容要合法，同时执法程序也必须合法，必须按照不同的执法内容使用适用的程序。在现实行政执法过程中，部分行政执法主体在执法活动中因权力、官本位思想的影响，简化、改变、调换和省略程序。行政主体违法或不当行使职权，导致部分行政执法不规范行为发生，应依法承担法律责任，实现权力和责任的统一。

四、方向维度：公权力行使主体法治意识有待提升

（一）中国社会法律权威的根源与现代意义

传统中国社会的正当性和权威性受到"礼"的根本性影响和支配。法律自身独立存在的价值为"礼"所涵盖。一般认为，中国传统社会是建立在自然经济基础之上的身份社会，社会呈

现的是一种"差序格局"的结构状形态，家庭而不是私人个体构成了社会生活的基本单位。所以"礼"的伦理道德体系构成了法律权威的终极来源。①

马克思主义法学理论在分析法律权威根源的问题时，认为法律权威根源于一定社会的生产力水平和生产关系状况相关，法律的权威根源于人与人之间全面、自由而平等的关系。在这一阶段，法律权威的根本属性就在于人们对作为社会管理手段的法律确立起发自内心的信从。在这个阶段，法律不再作为维护少数人利益的工具而存在，而是代表了绝大多数人乃至所有人的共同利益，而且法律本身就是个人自由和平等的产物，这些都决定了法律具有当然的权威性。②

法律权威的树立必须以特定的社会条件为根本支撑。脱离特定的社会条件，法律权威的树立就是一纸空文。法律权威性与主体内在需求、价值观和法律意识、心理认可等存在紧密的联系。基于此，中国社会法律权威的来源在于人们对作为社会管理手段的法律确立发自内心的信仰，治理国家的建设是为了推动中国式现代化，是基于人民群众的根本利益，党领导的法治政府建设是维护人民群众的根本利益，实现中华民族伟大复兴。因此，法律能够获得广大人民群众的普遍认同，具有真正的权威性。

制度规则的核心，就是法律至上的规则。首先，实现"系统治理"的前提和基础是形成一个涵盖国家治理各个方面的制度体系。我国的社会主义法律阐明了中国特色社会主义制度，为治理各个领域提供了制度基础。其次，国家治理是一个动态的过程。建设中国特色社会主义法治国家，需形成中国特色社

---

① 杨清望：《法律权威：来源与建构》，知识产权出版社，2010，第 53 页。
② 杨清望：《法律权威：来源与建构》，知识产权出版社，2010，第 60 页。

会主义法治，通过建设和运行国家治理体系来治国。国家治理能力的重要体现，就是国家管理能力，我国法律的充分执行为巩固和提高国家治理的有效性奠定了坚实的基础。法律的生命在于其执行，其权威也在于其执行。根据马克思主义法学理论，法律应以一定的社会为基础，才能适应统治阶级在政治和经济上的需要。强化制度建设，同时保证法律的实施，才能充分发挥法律效力，促进法治国家建设和法治政府建设。采取切实有效的措施来强化制度建设，全面实施法律，是巩固和增强国家治理效力的首要任务，也是促进我国法治国家建设和法治政府建设的关键。

（二）公权力行使主体法治意识有待进一步提升

厉行法治的目的在于规范人们的行为，保证行使公权力的主体依法履职尽责。[①] 法治政府建设要明确政府的主体责任，在法定职权范围内依法行使权力。在社会思想和利益多元尤其是社会价值观多元化的格局下，如何把各种不同的利益诉求主体、各种不同的社会价值观统合起来，这对政府在预防和解决这些不稳定因素时选择何种治理手段提出了要求；同时还要求政府在制定政策时需要对社会主流价值观予以重视，要把社会主流价值观融入政策制定与执法过程中，从而在社会多元价值观并存的背景下，提供共识性的社会价值衡量标准。[②] 复杂的国内外环境、多元的社会价值观，对公权力行使主体提出了更高的要求。但现实中仍存在以言代法、以权压法、逐利违法、

---

① 孟祥锋：《在法治轨道上全面建设社会主义现代化国家》，《人民日报》2022 年 11 月 25 日，第 09 版。

② 蒋传光、刘悦：《中国法治政府建设的价值基础》，《哈尔滨工业大学学报》（社会科学版）2020 年第 5 期，第 37 页。

徇私枉法的现象，即公权力的滥用。部分党员干部法律意识淡薄，以言代法，突破法律底线，降低了政府的行政决策公信力和执行力，不利于法治政府的全面建设。

公权力行使主体是党执政兴国的骨干力量。通过深入学习、强化培训，以思想自觉引领行动自觉，以行动自觉深化思想自觉，才能进一步提升公权力行使主体的法治意识。加强基层党建工作，确保思想自觉引领行动自觉。法治政府建设工作离不开党建工作，基层工作与人民群众联系最为紧密，因此，基层党建工作一直是党的工作重心。新时代下，如何提升基层党建工作质量，对法治政府的建设具有重大的现实意义。

党的建设是一项伟大工程，基层党的建设更是一项重要的基础工程。党的基层组织是团结带领群众贯彻党的理论和路线方针政策、落实党的任务的战斗堡垒。以开拓创新为翼，不断提升基层党建工作质量，不断加强和创新基层党建，能够进一步提升党的整体执政能力，巩固党的执政地位。通过解放思想，大胆创新，全面推进基层党建工作。

首先，要抓好党校的培育工作，党校，是中国共产党对党员和党员干部进行培训、教育的学校。其任务是通过有计划的培训，提高学员用马克思主义立场、观点、方法观察和处理问题的能力；结合新的形势，提高学员的政治思想观念和科学文化水平，增强党性，进一步发挥先锋模范作用。不断加强和创新党校基层党建工作，是进一步增强党的创造力、凝聚力和战斗力的必由之路。在新一轮思想解放活动中，党校应当以改革创新精神全面推进基层党建工作，提升基层党建工作质量。学习是动力，是创新的源泉。通过强化学习，提高认识，能够提升党员综合素质和能力，切实增强做好党建工作的责任感和使命感，切实担负起工作职责，为创新党建工作打好坚实的基础。

只有不断增强党建工作的责任感、使命感，才能够以学促建。不仅要强化学习，还需要提高学习效率，注重学习成效，把学习落到实处。可以通过会议、日常工作督查，支部讨论等多种方式，在全校营造良好的学习环境。特别要重视党性修养，通过提升党性修养，坚定理想信念，使党员干部对党性修养有全面深入的认识。同时，通过不断学习党的理论方针和政策，全面提升党员干部自我党性修养，在学习、工作和生活各个方面去体现和实践党的性质，不断提高和完善个人综合素质，为党建工作的开展打下坚实的基础。

一要坚持与时俱进，不断创新基层党建工作。要体现基层党建工作的特色，体现党校基层党建工作的亮点，就要结合党校实际，坚持与时俱进，不断创新党校基层党建工作。突出精品，突出特色，突出影响力。首先，应在管理方面进行创新。根据党校特色，以便于管理和开展活动为核心，进一步创新、突破、激发党组织活力，加强党组织建设，通过各项措施，发挥党员先锋模范作用，促进党组织教育和管理。从党员实际出发，尊重个体发展，制定相关活动原则，坚持分类指导，避免千篇一律。只有坚持从实际出发，调动党员积极性，在管理教育上以人为本，才能共情，才能不断激发党员干部的主观能动性和创新活力。首先，在开展党组织各类活动时，要因材施教，形式可灵活多样，活动应寓教于乐，使各类党建活动与时俱进，富有吸引力，丰富多彩。在确保活动种类丰富、具有吸引力的基础上，也要强化管理，尤其是制度要规范，责任要落实，管理要到位，组织纪律要严明，让每一位党员都明确岗位责任，尽职尽责，履行各项工作职责。其次，要坚持开拓创新，尤其是要破除旧思维和陈旧思路，在工作方法和方式等方面谋求创新。通过加强学习，武装思想，寻求创新思维和创新工作思路。

以科学发展观为指引，以科学工作方式保障各项创新工作的开展。在创新方面，可以创新党员干部教育培训方式，将理论与实践紧密结合，使各项培训工作具有灵活性独具针对性。另外，增强实效性的同时，也不能忽略培训工作的普及性。不断拓宽各项措施，确保监督渠道的畅通，用制度约束和管理党员干部，对党员干部严格要求，可将党建工作目标任务细化，结合党员干部考核与任命等，通过向社会公开，接受各级部门和人民群众的监督，让权力在阳光下运行，党建工作目标任务与党员干部纪律考核有机结合，让工作环境更透明，营造更有利于展开工作的环境。再次，要与时俱进，立足于不同的工作环境，深刻分析当前各类热点、难点问题，熟悉上情下情，认清主客观条件，树立典型，发挥模范先锋党员的带头作用，通过培育典型、树立典型、发掘典型、宣传典型，以点带面，不断宣传并系统推进，充分发挥模范先锋党员的示范引领作用，以先进带动全部，共同解决工作中出现的各类难题，统筹解决党建工作面临的各类新问题。同时，要不断创新工作载体。通过纸质媒体、电子媒体，各类会议、各类活动，承载并传递各类党建信息，尤其是通过创新设计各类党建工作载体，创建精品，抓亮点和特色工作，确保高水平完成党建工作。全面推进党建工作，才能构建交流机制，全面强化党员的思想意识，统筹推进各项党建工作，全面提升党员的综合素质，增强党员干部的政治执行力。

二要不断强化工作力度，全面落实计划方案。每个阶段，要根据中央、上级党委的总体安排部署制定一系列的党建工作计划和方案，这一系列的方案设计要具有科学性和可操作性，在计划的引领下，关键在落实。通过不断强化力度，全面落实计划方案，保障党校基层党组织建设有案可依。方案创新需要认真审视，通过调研取得数据和材料，并需要结合实际环境，逐步进行创新。基层党组织要对照创新的方案，研判党情民情，从细微处着手，切实把任务落实到组织、落实到人、落实到时间节点上来，重视基层党建工作的执行力度，保证计划方案的实际意义和作用，发挥一切力量，确保基层党建工作的实效。同时，要坚持以人为本，激励党员主体作用发挥，在推进党的基层民主建设上有新突破。尊重党员的主体地位，保障党员的知情权、参与权、表达权、监督权，注重调动党员积极性，切实推进党内基层民主建设，保障党员主体地位。在此基础上，创新制度，以制度保障成效。北宋著名的思想家、政治家和改革家王安石在《取材》中提出："所谓诸生者，不独取训习句读而已，必也习典礼，明制度。"①制度一般指要求大家共同遵守的办事规程或行动准则，也指在一定历史条件下形成的法令、礼俗等规范或一定的规格。不同的行业、不同的部门、不同的岗位都有其具体的做事准则，目的都是使各项工作按计划按要求达到预计目标，由此可见制度之重要性。制度创新，即要打破现有束缚经济社会发展的不合理的制度，创新制度，使其符合社会经济政治发展潮流。通过创新基层党建工作制度，激发党员活力，确保全面落实计划方案。

三要加强领导班子建设，开创基层党建工作新局面。一个强有力的领导班子，一个具备高素质能力的领导班子，对于开创党建工作新局面具有决定性的作用。因此，应以提高素质能力为核心，加强领导班子建设。继续深化"和谐、实干、民心、廉洁"型班子建设，以思想政治建设为核心，以强化领导班子、干部队伍、开拓创新、求真务实、一心为民、服务百姓的工作

---

① [宋] 王安石：《取材》，古诗文网，https://so.gushiwen.cn，访问日期：2023 年 6 月 1 日。

作风建设为重点，通过深入学习，不断学习，强化学习，把学习作为一项常规性工作，切实提高班子领导能力。通过认真学习各类党会精神和习近平总书记各类重要讲话精神，用科学的理论来指导每一项工作，才能以身示范。在党建工作中做到解放思想，大胆创新，求真务实，在工作中敢于创新，敢于面对，以身作则，勇于面对困难和挑战。尤其在新时代，党建工作提出了更高的要求。领导干部面对新的形势，要不断寻找党建工作新思路和新办法，开创基层党建工作新局面。在中国式现代化的进程中，要加强法治国家和法治政府建设，历史赋予我们新的重任，我们要开拓创新，全面提升基层党建工作质量。创新，是以新思维、新发明和新描述为特征的一种概念化过程。创新，要符合新形势、新任务的要求，扩大党的工作的覆盖面，不断加强和改进党的基层组织建设，使基层组织成为贯彻习近平总书记"把抓好党建作为最大政绩"重要思想的组织者、推动者和实践者。宣传和执行党的路线、方针、政策，宣传和执行党中央、上级组织和本组织的决议，充分发挥党员的先锋模范作用，团结、组织党内外的干部和群众努力完成本单位担负的任务。要紧跟时代步伐，紧跟中央新要求，以创新拓宽视野，将基层党建工作紧密地融入社会大循环之中。特别需要适应经济发展新常态和科技跨越式大发展带来的新机遇，加强党建工作途径、手段、方式的改革创新，充分利用大数据、互联网等新媒体，构建"智慧党建"平台。实践没有止境，创新没有止境，我们要进一步统一思想，凝心聚力，通过做实、做细、做精基层党建工作，开创党建创新工作的新局面，通过下移党建工作重心，继续抓好支部建设。在工作中总结经验，不断推进工作科学发展，使基层党建工作成为一个凝聚基层组织和党员的载体，实现基层党建工作的系统化和科学化。

第四章　中国式现代化语境下法治政府建设措施

　　党的二十大报告指出，全面依法治国是国家治理的一场深刻革命，必须发挥法治固根本、稳预期、利长远的保障作用，扎实推进依法行政。法治政府建设，是全面依法治国的重点任务和主体工程。① 法治政府建设的意义不言而喻，推进法治政府建设应立足于中国现代化新征程，多维度、多层次推进法治政府建设。全面建设社会主义现代化国家，推进中国式现代化道路的发展，就必须全面依法治国。要确保全面依法治国，法治政府的建设是关键。在法治轨道上全面建成社会主义现代化强国，离不开法治政府的建设。法治建设具有重要的战略地位，法治政府的建设也具有重要的战略地位。法治建设服务保证党和国家工作大局这样一个战略任务。要落实法治政府建设，就必须坚持以习近平法治思想为指引，深入贯彻落实习近平法治思想，坚持中国共产党的领导，坚持以人民为中心，坚持人民当家作主，坚持依法治国有机统一，从而发挥法治固根本、稳预期、利长远的保障作用，为全面推进中国式现代化道路保驾

---

① 习近平：《高举中国特色社会主义伟大旗帜 为全面建设社会主义现代化国家而团结奋斗——在中国共产党第二十次全国代表大会上的报告（2022 年 10 月 16 日）》，人民出版社，2022，第 36—37 页。

护航。

　　全面建设社会主义现代化国家，走中国式现代化道路，就必然要厉行法治，更好发挥法治保障作用，通过法治建设来促进中国式现代化进程，通过法治建设全面保障中国式现代化建设。而法治国家的建设依赖于法治政府的建设，因此，要全面提高法治政府建设水平。党的领导是中国特色社会主义建设的最本质的特征，是中国特色社会主义制度的最大优势，是中国式现代化进程的最大保障，也是社会主义法治最根本的保障。因此，要坚持在中国共产党的领导下，全面依法推进法治政府建设。

一、正善治：在科学立法基石上以良法促发展

（一）良法是树立法律权威的基石

　　法治建设是中国式现代化的内在要求，要坚持以中国式现代化引领法治建设，以良法善治保障中国式现代化，在法治轨道上推进中国式现代化取得更大成就。[①] 作为依法治国重点任务和主体工程的法治政府建设，必然也需要正善治，以良法促发展。法治之"治"应当是善治。善治是从法律实施角度而言，强调要把制定良好的法律付诸实施，尊重宪法和法律的权威，严格依法办事，同时又不机械执法，而是善于根据法律原则和精神 创造性地适用法律，从而弥补法律局限性。如果说良法重

　　[①] 冯果：《深入研究中国式现代化与法治建设的关系》，《人民日报》2023 年 02 月 13 日，第 09 版。

强调立法，那么善治则强调法律实施。① 老子在《道德经》第八章提出"正善治"②。董仲舒在《对贤良策》中提出："当更化而不更化，虽有大贤，不能善治也。"③ 其主要含义，都是阐述好的政府与好的治理手段。立善法于天下，则天下治，立善法于一国，则一国治。所谓"善治"，既指方法意义上的"善于治理"，又指价值意义上的"良善治理"。习近平法治思想把"良法"注入法治体系和治理体系，推进法律的科学性与有效性相统一，法律的内在良善性与外在执行力相统一，法律的制度优势与党政的治理优势相结合，依法治理与系统治理、综合治理、源头治理相辅相成，自治、法治、德治相融合，创造了国家和社会既安定有序又充满活力的善治局面。④ 中国式现代化语境下，法治政府建设需要以良法来保障。要在科学立法基础上，健全行政制度体系，规范行政行使的权力，建立科学系统的程序制度，制定符合中国式现代化发展的行政程序法，以良法促进法治政府的建设。

我国法学界对法理研究不断深入，不少学者关注并研究良法问题，对良法提出了自己的见解和认识。第一种观点认为，良法至少应该有两个标准。其一，良法应该是符合客观规律的法律。其二，良法应该是促进社会进步、反映多数人意志和愿望的法律。第二种观点认为，良法应具有民族性、科学性、道德性等三重标准。第三种观点认为，法治不等同于"良法之治"，由于"良法"标准的复杂性，将法治等同于"良法之治"，是将

---

① 江必新、程琥：《论良法善治原则在法治政府评估中的应用》，《中外法学》2018年第2期，第1475页。

② 老子：《道德经》，北京联合出版公司，2016，第22页。

③ 董仲舒：《对贤良策》，中国孔子网，http://www.chinakongzi.org/kzwltst/gxyd/202110/t20211025_522537.htm，访问日期：2021年10月25日。

④ 张文显：《习近平法治思想的政理、法理和哲理》，《政法论坛》2022年第3期，第13-14页。

法治问题简单化了。①

　　马克思提出，法律是人的行为本身必备的规范，是人的生活的自觉反应。②界定良法的标准，需要准确把握人类社会发展的普遍规律，同时也要尊重特定国家社会文化、风俗习惯等特殊规律。要使普遍性与特殊性达到协调统一，良好的法律应当是价值、规范和事实的有机统一。法律价值作为一国法律规范的核心内容，是一个国家法规体系建构的基本原则，而法律价值也是法的制度实施的出发点和归宿。良法的核心要素应是价值合理性。价值不合理，价值失存，就意味着失去了保留和发展的基本前提。规范合理性是良法的形式表征，体制合理性是良法的实体要件。良好的法律要通过对国家权力体制的合理性设定，防止国家机关越权行使、滥权行使，从而保障和实现公民的权利和自由。③

　　中国特色社会主义法律体系是建设有中国特色的社会主义理论在法学领域的要求和体现。邓小平同志指出，我们要建设的是具有中国特色的社会主义。总之，要紧紧抓住合乎自己的实际情况这一条。所有别的东西都可以参考，但也只是参考。世界上的问题不可能都用一个模式解决。中国有中国自己的模式，这是建构良性的中国法律体系的基本指导思想。④

　　在推进中国式现代化进程中，首先，我们应坚持从自己的国情出发，要合乎中国的实际国情。中国特色社会主义法治国家建设应依照中国的传统，制定良法，制定适当的制度和规范。要建立中国良法体系，必须坚持以马克思列宁主义、毛泽东思

---

① 李龙：《良法论》，武汉大学出版社，2001，第65页。
② [德]马克思、恩格斯：《马克思恩格斯全集》第1卷，人民出版社，2001，第72页。
③ 李龙：《良法论》，武汉大学出版社，2001，第70—72页。
④ 同上，第279页。

想、邓小平理论、习近平法治思想为指导思想。尤其是习近平法治思想，是从中国国情出发，是顺应实现中华民族伟大复兴时代要求应运而生的重大理论创新成果，是马克思主义法治理论中国化的最新成果。坚持和贯彻习近平法治思想，能够保障中国式现代化的进程，能够保障我国社会主义法律体系的性质和形成中国特色社会主义的法律体系。其次，我们应坚持宪法的现实统领性。只有坚持宪法，保障宪法的权威性，才能确保不出现超越宪法效力的法律部门，保障宪法在构筑良法体系中的主导地位。

宪法是国家的根本大法，进一步完善国家各项法制建设工作，加大加强国家的立法工作，才能保证宪法的实施。各类部门法的制定与完善，能够促进宪法原则与规范的贯彻与执行。加强立法机关建设，推进完善宪法监督工作，不断推进全国范围内的法制建设工作，同时加强宪制法制教育工作，才能确保宪法的实施，才能实现宪法的功能与作用。作为国家根本大法的宪法，体现了全国人民的意志，作为人民当家作主治理国家的大法，体现了最广大人民群众最根本的意志和利益，贯穿着为最广大人民群众最根本利益服务的原则。社会主义宪法集中体现了党的路线、方针和各项政策，规定了广大人民群众前进的道路，宪法的实施与保障具有重要的现实指导意义。历史表明，宪法是国家制度和国家治理制度的集中体现，我国的宪法为国家治理提供了最坚实的基础。宪法的有效实施，保障了国家的治理体系。实践同样表明，具有中国特色的社会主义宪法符合我国国情，行之有效。制度规则的核心，就是宪法至上的规则，即宪法规则。首先，实现系统治理的前提和基础是形成一个涵盖国家治理各个方面的制度体系。我国宪法的形式表现为国家基本法，基于相关的基本制度，以相关基本制度为主要内容，阐明了具有中国特色的社会主义制度，为各个领域治理提供了制度基础。其次，国家治理是一个动态的过程。建设中国特色社会主义法治国家，需要在宪法基础上形成中国特色社会主义法制，通过建设和运行国家治理体系来治国。宪法为此提供了有效性保护。国家治理能力的重要体现，就是国家管理能力，我国宪法的充分执行为巩固和提高国家治理的有效性奠定了坚实的基础。宪法的生命在于执行，其权威也在于执行。具有最高法律效力是宪法最基本特征。宪法和一般法律有所不同，具有最高的法律效力，是国家的根本大法。而社会主义宪法又有其基本特点。根据马克思主义法学理论，法律应以一定的社会为基础，才能适应统治阶级在政治和经济上的需要。只有保证宪法的实施，才能充分发挥其最高法律效力。坚持宪法的最高法律效力，采取切实有效的实施措施，全面实施宪法，是巩固和增强国家治理效力的首要任务，也是促进我国宪法全面实施的基础。要保障宪法的实施，首先要加强国家立法工作。通过加强国家立法工作，使宪法的各项规定完整而准确地体现在一般法律中，加强宪法实施的保障。国家生活具有复杂性、多样性等特点，因此，在宪法立法中要以马列主义、毛泽东思想为指导，在立法活动中坚持辩证唯物主义和历史唯物主义的基本原理，运用马克思主义的立场、观点和方法指导国家立法工作，以便更好地解决立法中的实际问题。国家的宪制和法制建设工作中，最重要最根本的便是立法工作，立法工作对宪法的实施具有重要意义。党中央一直重视宪法的全面实施，通过加强立法工作、建立国家宪法日等各项措施，全面加强宪法的实施和监督。不断完善相关制度和机制，才能确保宪法的全面执行。加强国家的立法工作，首先需要加强立法机关建设工作，完善国家法制。我国是社会主义国家，宪法的制定体现的是全国人民的意志，因此在制定宪法和法律时，要广泛听取和吸取人民群众的意见，这对于开展和推动立法工作、提高法律完备性都具有重要意义。同时，人民检察机关和司法机关的建设，对社会主义宪制和法制建设同样具有重要作用。要推进完善宪法监督工作。为了更有效地保障宪法的实施，加强国家立法工作的基础上，必须进一步完善监督机制。通过建立健全宪法实施监督机关，不断推进并完善宪法监督工作。为了保障宪法的实施，必须充分发挥人民检察院和人民法院等司法机关的重要作用。人民检察院作为国家法律监督机关，通过实施各项检察活动，教育公民自觉遵守宪法和法律，在保障宪法实施、推进完善宪法监督工作方面起着重要的作用。人民法院通过各项法规，如刑事、民事法规，审理各类案件，促进宪法的实施。加强司法保障，需要强化监督机制，国家机关要从各个方面保障宪法的遵守与实施。完善监督宪法实施的相关制度，完善宪法解释程序机制，促进违宪审查工作。对违宪行为进行有效的监督和及时的处理，必要时还应给予相应的法律制裁，从而发挥国家监督机关的法律效力。维护宪法尊严是保证宪法实施的前提条件，宪法的最高法律地位和最高法律效力不可侵犯，其他任何法律、规范性文件都应服从宪法。加强全国范围内的法制建设工作，任何法律和规范性文件的制定都不得与宪法相抵触，必须服从根本大法。各个部门法律必须符合宪法的原则，否则就是无效的。宪法的效力高于各部门法。加强全国范围内的法制建设工作，加强各部门法的制定与实施工作，所有部门法和法律法规都不能与宪法的规定相抵触，这样才能保障宪法的最高法律地位和最高效力原则，保障宪法的有效实施。在中国，依法行宪是一个与执政合法性相关联的问题。实践中，执政党通过制定全面建成小康社会、现代目标、社会主义强国等战略措施和计划来发展民生事业,促进社会保障目标的实现。①
通过加强全国范围内的法制建设工作,能够有效实现依法行宪,
有序推进依法治国和依法行宪。加强宪制法制教育工作,同样
重要。我国宪法规定了公民的基本权利,并对其中的部分权利
制定了具体的法律加以保障。例如,公民的平等权、申诉权、
出版自由、人身自由、社会保障权等。这些基本权利都和公民
息息相关,通过加强宪制法制教育工作,让广大人民更好地了
解宪法,了解自身的基本权利,才能让公民更好地支持宪法,
从而坚决遵守和服从宪法及相关法律。宪法实施是相对于宪法
制定而言的,无论何种宪法实施机制,都离不开对宪法条文的
解释。从法的本质属性看,法律适用中的依宪释法活动,本身
就是一种法律解释活动。② 通过对宪法条文的解释,让公民更
好地了解宪法,进而更好地学习宪法。通过全民教育学习,增
强人民的法制观念,维护宪法的尊严,让人民积极依法管理国
家事务,保障宪法的实施。全国各族人民、社会各团体和各类
企事业单位组织,都应遵守宪法,以宪法为根本活动准则。人
民依法管理国家事务、经济文化事务、社会各项事务,体现出
社会主义法治的优越性,更充分体现了人民当家作主的社会主
义制度的优越性。要保证宪法的实施,加快立法并制定具体的
宪法规定,以确保实现宪法权利。首先必须确认宪法的基本法
律地位,即宪法具有最高的法律效力。同时制定出一套较为完
善的法律监督制度,发挥监督机构的作用,确保宪法的有效实
施。要进一步施行宪法,必须执行相应的保障措施:首先是法

---

① 周敬敏:《社会保障基本国策的规范体系与实施路径》,《政法论坛》2021 年第 3
期,第 51 页。

② 马良全:《全面推进依法治国背景下的宪法实施及其解释》,《贵州社会科学》2017
年第 8 期,第 64 页。

律保护。包括对宪法本身的保护和对普通立法的保护。其次，强化执政党的功能，执政党应发挥政治领导作用和模范作用，并在政治上保障宪法的实施。最后，要开展全民宪法教育，强化干部群众的宪法观念，确保宪法的实施；同时，还要不断提升公民的法律素养，培养公民的法律意识，敦促社会各级机构组织、个人严格遵守宪法，维护宪法，确保宪法的实施。我国的宪法和法律体现的是最广大人民群众的意志和根本利益。宪法的实施是宪法学中的重要理论问题，也是宪政实践中的重要实践课题。通过加强立法机关建设、法制建设，不断完善监督工作机制，持续推进宪制法制教育工作，才能更好地确保宪法的实施，进而推进中国式现代化进程。

最后，我们必须立足于中国的具体国情，坚持以人民为中心，坚持党的领导，从我国现实出发，放眼世界，前瞻未来。我们应增强自信心，按照马克思主义的科学发展观，立足于人的自由，更好地体现中国特色社会主义法律体系的文明性、先进性和前瞻性。良法是树立法律权威的基石，在中国式现代化进程中，以良法促进法治政府建设，以良法善治保障广大人民群众的基本权益和利益，才能维护中国的社会稳定，促进中国式现代化的进程，促进社会和谐进步和长远发展。

（二）科学立法是法律良善的关键

中国式现代化发展新阶段、法治国家建设新征程中，要追求高质量的发展，就必须加强法治政府建设。推进高质量立法，即良法是善治的前提。通过科学立法、高质量立法，进而保障中国式现代化高质量发展，促进全面发展，加快法治国家建设步伐。

国内外错综复杂的形势下，立法领域仍然面临着不少问题，例如立法质量还需要进一步提升。中国式现代化进程有许多现实问题，有的法律法规不能全面客观地反映人民群众的意愿，不能够有效地解决实际困难或者实际问题，有的法律较为繁杂，针对性和可操作性都需要进一步提升，才能更好地、更进一步解决中国式现代化进程中出现的新的实际问题。尤其是数字化时代，对科学立法提出了新的要求和挑战，如人工智能、大数据、5G、云计算等众多新兴科学技术的运用与发展，不少法律法规存在一定的时间差、实践操作性，这些都对科学立法提出了新的要求。

只有抓住了"科学立法、提高立法质量"这个关键，并结合中国式现代化具体的发展，才能不断推进科学立法，使每一项立法都能够准确地反映广大人民群众的根本意志。只有从人民利益出发，科学立法才能制定出良好的法律，才能够得到人民群众的衷心拥护。通过科学立法促进中国式现代化进程，通过良法保障法治政府建设，保障善治，保障依法治国的顺利推进。

科学立法的核心是尊重历史客观规律，科学立法的要旨是以人民群众的利益为根本出发点，为了人民群众，依靠人民群众，通过完善立法程序，坚持问题为导向，增强法律法规的可操作性和可执行性。尤其是涉及中国式现代化发展相关的改革与社会治理等相关方面的法律法规，应坚持以问题为导向，完善立法规划，突出立法的重要地位。科学立法、良法善治，及时制定并修改完善相关法律法规，让法律能够科学地得到运用，从国家发展大局出发，落实科学立法等相关工作。

全面推进依法治国，必须坚持科学立法。习近平总书记强调："良法是善治之前提。"越是强调法治，越是要提高立法质量。我国进入新发展阶段，发展要高质量，立法也要高质量，要以高质量立法保障高质量发展，推动全面深化改革，推动社会大局稳定。① 要做到科学立法，就必须抓住提高立法质量这个关键，推进科学立法、民主立法、依法立法，使每一项法律都能够反映人民的意愿，得到人民的拥护，从而以良法促进中国式现代化发展，保障法治社会建设，保障法治政府建设。只要将人民的利益放在第一位，为了人民、依靠人民，就能够在尊重和体现客观规律的基础上做到科学立法。

在中国，近年来对立法概念的解释渐多，较普遍的观点有：第一，立法是指从中央到地方一切国家机关制定和变动各种不同规范性文件的活动，这是最广义的解释。第二，立法是指最高国家权力机关及其常设机关制定和变动法律这种特定规范性文件的活动，这是最狭义的解释。第三，立法是指一切有权主体制定和变动规范性法律文件的活动，这是介乎广狭两义之间的解释。这些解释虽然能抓住立法的某些特征，可以说明某些立法，却不能说明一般的立法，不宜作为一般立法的定义。通过把握立法的内涵和外延，对立法概念定义如下：立法是由特定的主体，依据一定职权和程序，运用一定技术，制定认可和变动法这种特定社会规范的活动。②

从事物的本质属性来探究立法的主要特征。立法是由特定主体进行的活动，是以国家的名义实施的活动。立法是国家活动中最重要的活动之一，立法活动与能否产生规范性法律文件有直接关系。因此，科学立法是法律良善的关键。要做到科学立法，立法主体就应当科学行使自己的职权，不能超越或滥用职权，必须依立法职权进行立法，同时必须依据一定程序进行

---

① 中共中央宣传部、中央全面依法治国委员会办公室：《习近平法治思想学习纲要》，人民出版社、学习出版社，2021，第106页。

② 张文显：《法理学》（第三版），高等教育出版社、北京大学出版社，2008，第224页。

立法活动。时代不同、国情不同，立法程序的内容也有较大的差异，只有依据相关程序逐步开展立法活动，才能确保立法活动的权威性和稳定性。要实现科学立法，就必须坚持立法的法治原则，这是确保科学立法的关键环节。立法的法治原则主要包含三方面的内容和要求：第一，一切立法权的存在和行使都应当有法的根据，立法活动的绝大多数环节都依法运行，立法主体进行活动，其行为应以法为规范，行使法定职权，履行法定职责；第二，规范立法制度和立法活动的法，应充分反映人民的意愿，有利于立法发展，有利于社会进步，有利于保障人类的各项基本权利；第三，关于立法方面的法在立法活动中具有最高地位和权威，获得普遍服从，任何立法主体违反了它都要受到应有的追究。① 坚持立法的法治原则，是立足于国家的整体利益，立足于中国式现代化的进程，是为了维护人民的根本利益和长远利益，这也是制定良法的关键。

　　立法除了要坚持法治原则，同时也必须坚持科学原则。立法活动本身就是科学活动，坚持立法的科学原则，有利于产生高质量的良法。科学立法是尊重立法规律，克服主观性、随意性和不科学性，通过减少错误，避免产生低质量、不适应中国式现代化建设的劣法。必须重视立法的科学原则问题，提升立法质量，制定良法。以马克思主义、毛泽东思想、邓小平理论和习近平法治思想为指导思想，在立法中坚持理论联系实际，尤其要充分考虑中国的基本国情，坚持从实际出发，结合主客观条件，结合原则性与灵活性，考虑国家的长治久安，确保法律的连续性、稳定性，制定出符合中国国情的良法。

---

① 张文显：《法理学》（第三版），高等教育出版社、北京大学出版社，2008，第 236 页。

（三）法律信任文化是法治政府建设的保障

法律信任文化根植于阳光透明政府。法律信任文化的建立来源于政府的行政效率和公信力。中国式现代化道路上，法治政府的建设应加快，建立职责明确、依法行政的政府治理体系。只有建立"法无授权不可为，法定职责必须为"的现代法治政府，法治政府通过科学合理的运作，才能切实保障人民群众的根本利益，赢得人民群众的信赖，进而培养法律信任文化。政府公信力的树立需要通过立法公开、执法公开、司法公正来实现。只有将权力运行放到阳光下，不断提升政府的服务水平，只有行政执法人员主动接受人民群众的监督，依法及时公开执法依据、执法程序、结果，才能获得人民群众的信任。

人民群众尊重法律，真诚信仰法律，是法律权威的来源。通过提升人民群众的法治素养，积极开展法治信任文化教育，不断深入开展各类普法教育，不断提升公民的法治意识，将有利于推进法治政府建设进程。全面推进依法治国，必须坚持全民守法。全民守法，就是任何组织或者个人都必须在宪法法律范围内活动，任何公民、社会组织和国家机关都要以宪法法律为行为准则，依照宪法法律行使权利或权力，履行义务或职责。推进全民守法，必须着力增强全民法治观念。法律的权威源自人民的内心拥护和真诚信仰。法国思想家卢梭说，一切法律中最重要的法律，既不是刻在大理石上，也不是刻在铜表上，而是铭刻在公民的内心里。要在全社会弘扬社会主义法治精神，传播法律知识，培育法律意识，使尊法学法、守法用法成为全体人民的共同追求，让法治成为全民思维方式和行为习惯。①

① 中共中央宣传部、中央全面依法治国委员会办公室:《习近平法治思想学习纲要》，人民出版社、学习出版社，2021，第114-115页。

不断提升全体公民尤其是政府工作人员的法治意识和法治素养，让法治政府成为全社会的共同认识和基本准则，带动全社会道德素质和文明程度不断提升，有利于法治政府的全面建设。法律信任文化是法治政府建设的保障。全面推进依法治国，必须坚持全民守法。全民守法就是任何组织或者个人都必须在宪法、法律范围内活动，任何公民、社会组织和国家机关都要以宪法、法律为行为准则，依照宪法、法律行使权利或权力，履行义务或职责。① 只有不断提升全体公民尤其是政府工作人员的法治意识和法治素养，让法治、法治政府成为全社会的共同认识和基本准则，带动社会道德素质和文明程度的提升，才能有利于法治政府的全面建设，有利于良法的实施。

（四）良法实施与法治政府建设

良法的实施依赖于行政机关的执法。行政机关的执法是国家执法体系中最重要的执法。行政执法包括政府的执法和政府工作部门的执法。徒善不足以为政，徒法不足以自行。法律的生命在于实施。良法实施与法治政府建设有着紧密的联系。在现代社会，在百年未有之大变革的历史关键时期，国内外形势错综复杂，国内事务也更加繁杂。行政管理的范围更加广泛，法治政府执法的范围日益扩大，法治政府的执法对社会产生的影响更加深刻。随着我国不断加快法治国家建设的步伐，社会控制模式、社会管理模式都在不断转变，尤其是依法治国的观念和制度的确立，政府工作部门将主要通过执法进行行政管理，行政机关执法活动将贯彻执行国家法律，促进良法实施，加快我国法治国家的建设进程。

---

① 中共中央宣传部、中央全面依法治国委员会办公室：《习近平法治思想学习纲要》，人民出版社、学习出版社，2021，第114页。

良法的运行实施受到国家经济、政治、文化等各方面的影响，同时也受到历史发展、风俗习惯等影响。良法实施的第一要素及良法实施的立法程式，应做到民主、公正、广泛和深入。立法程序设置合理，具有及时性、效率性。通过反馈机制进行追踪监测，根据反馈信息对良法进行修正和完善，实现规范统一，减少良法实施运作中产生的弊端。良法实施的第二要素，是保障公平公正的行政程式，即法治政府的建设。行政权是国家机关执行法律、管理国家行政事务的权力，是国家权力体系中的重要组成部分。公正的程序规则反映良法的价值观念，也是实体权利义务充分发展的必要手段。正当法律程序是法治国家建设的关键，是法治政府建设的重点。对于行政权的监管，必须通过行政程序制度将权力关进笼子，确保实行公平公正的行政事务，防止行政权的消极现象，限制权力任意作为。

良法的实施，立足于法律信任文化的建设。人民群众尊重法律，真诚信仰法律，是法律权威的来源，是良法实施的保障。通过提升人民群众的政治素养、法治素养，积极开展法治信任文化教育，不断深入开展各类普法教育，不断提升公民的法治意识，有利于良法的实施，有利于推进法治政府建设的进程。

法律信任文化的建设，重点建设内容是培养公民的法律意识。法律意识是指公民关于法律活动和法律现象的意识。公民法律意识与个人成长、社会大背景息息相关。当前，大多数公民都能够主动关心国家大事，遵纪守法，具有良好的法律意识。但由于各方面的原因，仍有一部分公民法律意识淡薄，依法保护自身合法权益的能力较弱，不能积极正确地守法、用法和护法。同时，执法人员在执法过程中也存在不恰当执法行为。针对于部分公民自身法律意识错位，应加强法律意识的培养。公民法律意识的培养，是和法治国家建设、社会主义法治并行发展的。目前，我国大部分公民因教育背景等限制，对法律的认识仅处于感性阶段。公民对法律没有明确的认识，仍然秉持法律是统治工具的理念，对立法、执法、司法等各个环节都没有清晰的认识，整体法律意识较为淡薄，受传统法律意识的思维惯性影响。同时，法律意识教育的缺失，使得公民的法律意识处于被动状态。公民自身法律意识错位，必将影响法治社会的进展。另一方面，当前社会法治氛围仍有部分缺失。法律意识是一种感知与理解，是心理预期与价值评判等意识现象。是人们对现行法律制度和法律活动等的总体认知。法律意识是上层建筑的重要内容，体现着一定时期的社会经济基础和政治上层建筑，同时也反作用于经济基础和政治上层建筑。我国的社会主义性质必然要求我国当前的法律意识坚持社主义方向，体现以人为本的社会主义核心价值。① 我国目前社会法治氛围仍然有所缺失，在法治建设实践中有时会出现过度追求程序价值等，不利于公民法律意识的培养。如果一味追求法律意识的培养，而忽视了法律意识培养与社会主义核心价值观的有机结合，则难以达到预期的效果。当今社会已经进入"AI+教育"的时代，知识经济时代的到来，对公民法律意识培养提出了更高的要求。在知识信息化时代，传统的普法宣传等法律宣传教育培养手段显得单一。同时，国内外形势的变化发展，也对公民法律意识的培养提出了更高的要求。公民法律意识的培养，受到公民个人的思想道德素质、科技素质等多方面因素的影响。单一的培养手段很难传达规则意识、正义理念等现代法律意识的精神内涵。基于此，法律信任文化的建设、公民法律意识的教育，具有重大意义。

---

① 陈红梅、史新阳：《社会主义核心价值体系下法律意识培养》，《榆林学院学报》2009年第5期，第72页。

"徒善不足以为政，徒法不能以自行。"① 制定良好的法律，需要人的正确实施。如果执法或司法工作者缺乏法律意识，不具备相应的专业知识和较高的法律意识，则很难实施良法。而良法的实施，也离不开公民的支持和认可。公民如果缺乏法律意识，缺乏遵纪守法的道德风尚，依法治国则难以推进。公民现代法律意识欠缺，会对社会和国家造成一定的负面影响。公民作为社会主体，是我国社会主义建设的中坚力量，对我国全面实施依法治国具有重要的作用。部分公民法律意识欠缺，法律价值取向不稳定，法律意识淡薄，轻视法律的作用，认为法律可有可无，不具备法律意识，在缺乏法律意识的状态下从事各种工作，必将导致工作不规范，缺乏公平性和合理性，在某种程度上成为法治国家建设的羁绊。

国家的发展，法治国家的建设，法治政府的建设，良法的实施，都依赖于公民的法律意识。未来法治国家的发展，关键因素就是人的素养和法律素质。公民的法律意识、法治观念直接决定了公民是否懂法，是否积极正确地守法、执法，是否积极主动地用法和护法。如果党政领导干部缺乏法律意识，则会导致行为规范意识的失衡，出现行为失范。公正司法是法的精神的内在要求。公正是法的精神和固有价值。当今是建设社会主义法治国家的关键时刻，党政领导干部缺乏法律意识，会导致执法不公等不良后果，影响良法的实施，影响法治政府的建设，在一定程度上影响中国法治化进程。基于此，需要加大法律信任文化的建设，健全法律体系是公民法律意识培育的基础。实施依法治国方略和法治国家建设是党的重要目标，法治是治国理政的基本方式。健全法律体系，一是要制定良法，二是要

① 《孟子》，万丽华、蓝旭译注，中华书局，2016，第146页。

确保良法的实施；三是要提高司法公信度。司法公信度是司法权威自我维护的体现，提高司法公信度，司法公正、良法运行、保护公民权利，是使公民对法律产生信仰的坚实基础。通过健全法律体系，让公民对法律重要作用的认识不断加深，人们有法可依、依法办事。健全法律体系，让公民日益认识到法治的重要作用，认识到民主必须制度化、法律化，才能获得切实的保障和有序的运作。要健全法律体系，完善法律制度，保障和改善民生，促进就业和建立社会保障体系，完善社会管理和维护社会安定团结，为公民法律意识的培养提供良好的环境。同时，要倡导法治宣传，让公民对法律有更正确更清晰的认识，不断提升公民对法律的认知和理解，从而产生对法律的信任感，将现代法律意识根植于公民内心，进而对法律产生信仰。公民法律意识的培养离不开社会环境。加强法治宣传，让公民更加坚定对法律的信仰。法的社会作用分为法律的政治作用、经济作用和文化作用等。文化作用，是法律在管理社会的教育、科学、文化事务等不同层面，推进社会精神文明建设方面的作用。倡导法治宣传，即充分发挥法律的文化作用，通过法治宣传，发挥法律的积极作用，对不同阶层的社会公民产生积极向上的影响，增进公民的安全感，让公民正确认识到法治社会的优势，认知到法律执行社会公共事务，维护公民的权利和义务。再次，要不断加强全民教育。加强全民教育，是培养公民法律意识的指导方针。加强全民教育，也是公民现代法律意识培育的关键。全民教育，要突出"以人文本"。以人为本的社会主义法律意识培养不仅是社会主义法治建设的内在要求，也是社会主义法治建设价值方向上的必然要求，更是坚持用科学发展观指导有中国特色的社会主义法治建设事业的迫切需要。① 提升公民法律素养，通过加强全民学习，强化公民的个人法律素质和法律修养，让公民善于站在法律的角度和立场去思考问题，不断实现对法律知识的运用。加强全民教育，要避免单纯法律知识的灌输，强调现代法律意识的培育，将法律意识培养贯穿教育的整个过程，倡导全民教育，终身学习。

公民法律意识的培养，要优化培养途径。在培养思路上强调立德树人，德法兼修。只有不断优化培养途径，才能不断提高公民法律素质。法学院校是公民法律意识培养的重要领域，通过规范引导，强化受教育者的法律意识，改变单一的灌输教育模式，有效合理地利用"互联网+"多种手段，突出人才培养质量，不断提升公民法律意识培养的效果。对于普通公民，即非法律专业人才，也需要借助 AI+教育平台，通过网络学习平台、推送微信图文等多种现代化教育方式，实现培养途径的多元和优化。公民法律意识的培养，依赖于多种因素。加强公民法律意识培养，对推进国家法治建设、促进良法实施、加快法治政府建设、维护人民利益具有重要意义。健全法律体系，倡导法治宣传，是培养公民法律意识的重要环节。从某种程度上讲，优化培养途径，营造一个良好的法治环境，是提升公民法律意识的关键。

（五）加强基层民政法治建设

基层民政工作与民生民心紧紧相连，工作开展的质量事关民心所向，作为基本保障的民生工程，是基层社会服务与社会治理的支柱，也是党的执政基础之一。法治民生和法佑民生作

---

① 陈红梅、史新阳：《社会主义核心价值体系下法律意识培养》，《榆林学院学报》2009 年第 5 期，第 73 页。

为新时代基层民政的内在诉求，为更好地推进我国基层民政事业健康发展，发挥民政工程社会"调节阀""稳定器"作用，全面推进民政法治建设是关键。当前，民政立法需要加强，专门立法欠细化；基层民政执法欠规范，处罚支撑力不足等问题是基层民政法治建设中最大的阻梗，为此需加大专门立法力度，完善法律制度体系；落实基层民政执法责任，明晰法治建设工作要求；加强基层民政法治队伍建设，多管齐下推动法治进程。建设中国特色社会主义法治体系、建设社会主义法治国家是全面推进依法治国的总目标，也是新时代坚持和发展中国特色社会主义的基本方略，是党治国理政从"理念"到"方式"的革命性变革。①

　　将各项国家治理活动纳入法治轨道是现代法治建设的迫切要求，保障和改善民生一直是党和国家的一项重要工作任务。民政部门承担保障人民群众基本需求的同时，也在推进各项法治进程的发展。"法佑民生""法治民生"是基层民政工作的本源需求与典型特点。用法律思维与法治方式开展各项民政工作，是引导、促进与保障基层民政事业转型的基石，是实现新时代民政工作改革与创新发展的必然选择。

　　民政系统于 2007 年 3 月第一次明确提出了"法治民政"的概念。《关于进一步加强民政法制工作的意见》（民发〔2010〕56 号）对推进社会救助、慈善事业、优抚安置、民间组织、志愿服务以及基层民主政治建设等民政事业发展重点领域法律法规立法工作进程，强化行政执法能力等问题提出了进一步要求。2014 年 12 月，民政部下发《关于全面推进民政法治建设的意见》（民发〔2014〕263 号），明确推进民政法治建设的重要意义

①　李强、魏范青、许丽娜：《"善治"视域下新时代民政法治建设存在的问题与对策》，《青海师范大学学报》（哲学社会科学版）2019 年第 6 期，第 62—68 页。

和总体要求，明确阐述了构建完备的民政法律制度体系。通常我们所指的民政法治即各级民政部门依法全面履行民政职能，严格按照法定权限和程序办事，深入开展法治宣传教育，切实保障民政法律制度有效实施，不断推动民政事业健康发展。本书所指的基层民政法治是基层（区县级）民政部门依法全面履行基层民政职能，在法定权限下依照法定程序开展各项民政工作。

以人民为中心是基层民政法治建设的出发点与落脚点。以人民为中心是社会主义基本原则，是现代化社会建设的根本宗旨。在新的社会矛盾下，当代民生需求、社会问题日益多元化、复杂化。随之，基层民政领域的矛盾也逐渐突显，而坚持以人民为中心的发展思想，是化解各种利益冲突的有效解决机制，是得到广大人民群众的支持和拥护的关键，是基层民政建设的出发点与落脚点。

保障基本民生是基层民政建设的政治底线与生命线。新时代下民政法治建设的实质是保障最基本的民生需求，依托兜底保障民生是新时代民政法治建设的政治底线。基本的民生保障是社会稳定的调节器与平衡器，是调整社会财富与调节社会利益的重要法宝。为弱势人民群众提供基本的民生保障与公共服务，能弥补和矫正市场分配不公带来的各种社会问题，是维护经济秩序稳定的"定海神针"，是基层法治建设的生命线。

基层治理的现代化是基层民政法治建设的刚性需求与场域需求。技术变革，国家治理格局也随之转型，推进国家现代化治理体系建设是新时代基层民政法治建设的主要特点。只有当基层民政法治建设的运行、评估工作融进国家治理现代化体系进程中，才能实现民政法治建设的系统变革，这是新时代对基层民政法治建设的刚性需求，也是当前民政建设的重要方向，更是工作场域的重点需求内容之一。

　　民政立法的空白是影响基层民政法治建设工作开展的重要阻碍之一。随着时代的发展与社会主要矛盾的变化，旧的民政法律、法规不再与之相适应，新的民政法治领域还处于法律空白，总体来说立法层偏低，且缺乏系统性。对现行的民政法律法规进行分析，发现国家层级较少，行政法律法规次之，更多的是以规章及规范性文件为主。民政管理的事务杂且多元化，使得管理手段与方式多样。受益与负担行政行为并驾齐驱，依申请与依职权民政行政行为齐头并进，这些基层民政法治行为在充分发挥民生保障功能的同时，也带来了更多的自由裁量权，引发诸多行政争议与行政诉讼案件发生。以社会救助与社会福利相关的内容为例，其主要有《未成年人保护法》《老年人权益保障法》《残疾人保障法》等进行保障，事实上，这三部法律涉及社会福利与保障的内容并不多，而民生保障主要体现在最基层，业务操作也在最基层，由于法律空白为基层民政法治建设带来现实难点。

　　民政执法的规范化与人民群众利益切实相关，而处罚力度又同时影响政府公信。具体来说，一是基层民政执法欠规范。基层民政部门管理事务多，领域繁杂，经常出现民政执法界限不清，导致执法过限，执法行为欠规范。二是柔性标准多，基层民政执法力度不够。涉及民政管理的法律法规特别是涉及民政资金的法律法规，必须要有足够的刚性标准，要划出绝对不能触碰的红线，明确把守底线。但现行的很多行政规章，刚性标准过少，柔性约束太多，在当前执法环境有待完善、民众法律意识还有待进一步提高、民政行政执法队伍建设有待进一步加强的情况下，放手给予了民政执法机关过多的自行判断、选择和决定权，使得民政施法力度得不到有效保障，影响了民政政策的应有效果，进而损害了政府的公信力。

人才队伍是开展基层法治工作的关键，法治人才队伍及相关问题如未能解决，将影响法治工作开展。具体来说，一是缺少立法研究评估机构。基层民政工作往往重事务、轻总结，重实践、轻理论，由于缺乏民政法治理论研究机构对国内外相关法律法规重点难点问题进行深入研究，缺少法律实施综合评估机制认真评估现行政策法规的具体实施情况，结果往往造成民政工作有成效没有经验，有经验得不到总结和推广，不能及时将工作成果转化为相应的法律法规规范，进而形成制度化、常态化的长效机制，普惠于民。二是专门法律队伍缺失。在基层民政立法创制的过程中，缺少法律团队的参与，法律专家、法律工作者参与立法研究、调研与论证不足，造成制定的部分法律制度缺乏针对性，难以发挥实效；另外，由于没有建立有效的法制机构参与重大民政事务机制，没有发挥好法制机构、人员在民政依法行政过程中参谋、助手和顾问的作用，导致民政行为在行政复议和行政应诉中底气不足。三是基层行政执法队伍缺失。执法是法治建设中重要一环，没有严格的执法，再好的法律法规也只能是一纸空文。民政行政执法工作一直是民政法制建设的薄弱环节，由于民政机关体制问题，造成民政执法职能职责不清，执法主体不明，执法力量不足，执法力度偏弱。

在新时代民政为民、民政爱民理念下，应做到法治建设与基层民政改革事业相适应，加强顶层立法，完善细化法律制度体系。一是加大专门民政立法的力度，加大专门立法力度，科学合理地制定能解决现实问题的专门民政法律制度，以重点民生领域、基层民生领域为中心，注重新法领域的拓展，进行源泉式专门立法修补，以专门基层立法为主，打造特色地方立法为辅的民政立法。二是完善相关法律制度体系。加强对基层民政法律的监督，定期对立法所确立的主要制度进行实效检验，针对法律、法规执行中的薄弱环节和存在问题，提出整改意见，保证法律、法规的有效实施，维护法律的权威性。抓好立法项目确立调研和前期论证工作，完善公众参与民政立法机制，合理编制立法规划，制定出既实用、管用又符合人民群众利益的法律法规。坚持问题导向，持续关注民生热点，积极推动已经确立的立法项目尽快落地见效，积极推动骨干性重要法律、行政法规的制定出台，及时根据工作实际修改、完善、废止现行法律、行政法规，注重民政有关法律法规配套部门规章及规范性文件的出台指导，用完备的法律制度体系助推法治进程。

基层民政法治建设的重点和关键是民政执法，执法工作的开展关系人民群众的切身利益，应落实基层民政执法责任，明晰法治建设工作要求。具体来说，一是进一步贯彻落实《国务院办公厅关于推进行政执法责任制的若干意见》，依法界定基层民政部门的职能职责，建立细化的权力清单，按职能职责落实基层民政部门执法责任。二是明晰基层法治建设工作要求。做好刚性和柔性平衡的把握。法治涉及民生民利的民政法律法规，特别是涉及民政资金、物资管理的法律法规一定要刚柔并重，既有利于规范民政行为，又不应忘记民政的基本职能，要把对民政管理的严格规范和对民政对象的真情关爱有机统一起来，努力做到法律效果与政治效果、社会效果的统一。做好当前和长远关系的思考。法律既要具有实用性，又要具备前瞻性，因此在民政立法建制的过程中，既要着眼长远，又要立足于实际。要尊重立法规律，把握立法时机，合理划分好立法的层级，既要推动行之有效的实践经验和工作成果上升为长期有效的法律制度，又要及时指导相关部门制定与法律相应配套的地方性法规、部门规章及规范性文件。做好主要和次要边界的区分。在基层民政法治建设的推进过程中，并不是所有问题都可以在同一时间内解决，也不是所有问题都同等重要，应指导有关部门抓住核心，抓住关键，集中力量解决基层民政法治过程中的主要问题。

法治手段是各项基层民政工作开展的无缝集成。[1] 应强化基层民政法治队伍建设，多管齐下推动法治进程。具体来说，一是建立行政综合执法队伍。整合民政执法职能和执法资源，规范民政行政处罚程序，建立一支信念坚定、业务精通、作用明显、敢于担当、素质过硬的基层民政综合执法队伍。二是组建基层民政法律专家团队。积极邀请法律专家、法律工作者参与基层民政立法与行政工作中去，切实发挥法制专业人士在民政依法行政中的重要作用，做到重大决策、重大事项参与指导，重要文件审核把关，重点执法环节监督实施。提高民政行政复议、行政应诉工作水平，确保民政行政行为的合法性、公平性、公正性，增加民政行政行为在行政复议中的维持率及在行政诉讼中的胜诉率，为基层民政部门依法行政提供足够底气。三是多渠道、广泛深入、上下联动营造民政普法格局。法律的权威来自于人民的内心拥护与真诚的信仰。[2] 让人民群众支持民政法治的进程、感受法治的力量，使法治意识、法治精神、法治信仰深入人心，必须多渠道、多形式将民政法治工作宣传融入工作日常，结合开展法制宣传教育，增进人民群众对民政法律法规和重要政策的了解。

---

[1] 陈慈英：《以法治化保障和促进"五化"民政融合发展》，《中国民政》2017年第12期，第48-49页。

[2]《中共中央关于全面推进依法治国若干重大问题的决定》，人民出版社，2014，第8页。

二、树权威：坚持在公正司法基石上促进法治政府建设

党的二十大报告指出，公正司法是维护社会公平正义的最后一道防线。规范司法权力运行，健全公安机关、检察机关、审判机关、司法机关各司其职、相互配合、相互制约的体制机制。[①] 严格公正司法，树立司法权威，确保司法公正、权威、高效。尤其在数字智慧社会的大环境下，多元纠纷解决机制的介入，保障司法的权威性尤其重要。司法公正以人民为中心，将人民利益放在首位，体现出中国共产党坚持依规治党，纪法贯通，坚持为人民服务的宗旨。习近平总书记强调：必须牢牢把握社会公平正义这一法治价值追求，努力让人民群众在每一项法律制度、每一个执法决定、每一宗司法案件中都感受到公平正义。[②] 坚持司法公正，推进法治政府建设，围绕社会公平正义价值开展行政执法工作，才能更好地维护人民群众的根本利益。

（一）司法公正的维护

在法治中国建设中，司法是法律实施的重要方式。司法，通常是指国家司法机关及其司法人员依照法定职权和法定程序，具体运用法律处理案件的专门活动。司法是实施法律的一

---

① 习近平：《高举中国特色社会主义伟大旗帜 为全面建设社会主义现代化国家而团结奋斗——在中国共产党第二十次全国代表大会上的报告（2022 年 10 月 16 日）》，人民出版社，2022，第 38 页。

② 习近平：《高举中国特色社会主义伟大旗帜 为全面建设社会主义现代化国家而团结奋斗——在中国共产党第二十次全国代表大会上的报告（2022 年 10 月 16 日）》，人民出版社，2022，第 38 页。

种方式，对实现立法目的、发挥法律的功能具有重要的意义。[1]
司法是政府提供司法机构和法院，保障公正审判和司法权威。
司法机关按照相关程序将法律规定适用相关案件，平定纠纷，
维护公正。公正司法是法治政府建设的重要内容。优化司法职
权配置，加强司法队伍建设，完善司法责任制等，都能够有效
维护司法的公正。优化司法职权配置，健全司法权力，分工负
责，司法机关应各司其职，审判权、行使执行权应相互配合并
互相制约，不断完善司法人员分类管理制度，各司其职，提高
办案水平，提高办案效率，不断增加政府的公信力。其次，要
加强司法队伍的建设，提升司法队伍的专业素质和能力，精简
司法队伍，提升人员的综合素质和能力。再次，要切实保障司
法的独立性，通过构建有效的制度，确保司法的独立性，保障
司法的公平和公正。

　　全面推进依法治国，必须坚持公正司法。所谓公正司法，
就是受到侵害的权利一定会得到保护和救济，违法犯罪活动一
定要受到制裁和惩罚。如果人民群众通过司法程序不能保证自
己的合法权益，那司法就没有公信力，人民群众也不会相信司
法。法律本来应该具有定分止争的功能，司法审判本来应该具
有终局性的作用，如果司法不公，人心不服，这些功能就难以
实现。[2] 我国的司法制度与其他国家的司法制度不同，是和我
国国情和中国特色社会主义制度相一致的，是党在历史实践中、
在长期的实践探索中建立起来的。司法关系到人民群众的切身
利益，也事关社会公平公正和推进依法治国。只有坚持提高司

---

　　[1]《司法》，百度百科，https://baike.so.com/doc/1859577-1966729.html，访问日期：
2023 年 6 月 1 日。
　　[2] 中共中央宣传部、中央全面依法治国委员会办公室：《习近平法治思想学习纲要》，
人民出版社、学习出版社，2021，第 111 页。

法公信力，不断深化司法体制改革，不断促进社会公平正义，才能在坚持公正司法的基础上，促进法治政府的全面建设。

治国有常，利民为本。只有不断满足人民群众对公平正义的更高需求，才能树立权威，维护公平正义，确保中国式现代化的道路顺利推进。依法治国、法治政府建设的顺利进行，都离不开人民群众。人民群众是中国式现代化道路的深厚基础，只有坚持人民为中心，将人民群众的根本利益作为司法工作的出发点和落脚点，才能维护司法公正，推动中国司法文明之路不断前行。在司法工作中，要确保人民法院、人民检察院依照法律规定独立行使审判权、检察权不受外界的干涉。

司法公正的维护，要树牢群众观点；贯彻群众路线，坚持司法为民、公正司法。只有人民群众在每一宗司法案件中看到公平正义，才能树立起司法的权威，司法公正才能够得到人民群众的认可。通过保障人民参与司法、监督司法的权利，推进司法为民、司法公正。

（二）推进司法审查制度的现代化

根据布莱克法律词典的解释，司法审查是法院基于来自于行政机关有关的上诉，对行政行为的事实认定和法律依据进行审查。[①] 我国建立了由法院对行政机关具体行政行为的合法性进行审查的司法审查制度。就司法审查而言，司法独立具有重要意义。司法审查实际上是司法权与行政权的关系，只有维护司法的权威性，才能建立起人民信仰司法、尊重法院、信任司法的体系。司法的权威性对现代化的司法审查制度是必要的。

《法治政府实施纲要（2021—2025 年）》提出，健全行政权

---

① *Black's Law Dictionary*，P.726，转引自马怀德主编：《法治现代化与法治政府》，知识产权出版社，2010，第 313 页。

力制约和监督体系，促进行政权力规范透明运行：坚持将行政权力制约和监督体系纳入党和国家监督体系全局统筹谋划，突出党内监督主导作用，推动党内监督与人大监督、民主监督、行政监督、司法监督、群众监督、舆论监督等各类监督有机贯通、相互协调。积极发挥审计监督、财会监督、统计监督、执法监督、行政复议等监督作用，自觉接受纪检监察机关监督，对行政机关公职人员违法行为严格追究法律责任，依规依法给予处分。①

司法审查制度的现代化，有利于推进司法监督，促进法治政府建设，使党和人民赋予的权力始终用来为人民谋幸福。司法审查的立足点是审查行政机关或行政行为是否遵循法治要求，通过司法审查保障法律的贯彻与实施。加强司法对行政的监督，才能更加充分地保障人民的合法权益。要实现对行政权力的监督，促进法治政府建设，除了监督主体需要具备独立地位之外，还需要掌握切实可行的监督审查职权。司法机关作为独立于行政机关的国家机关，应遵循行政诉讼法，不断强化其法定的监督职能，在法律的框架内实现落实监督审查主体的职权。

坚持党的领导、人民当家作主、依法治国有机统一，积极发展全过程人民民主，健全全面、广泛、有机衔接的人民当家作主制度体系，使各方面制度和国家治理更好体现人民意志。基于此，为了更有效地保障法治国家的实施，保障法治政府的建设，在加强国家立法工作的基础上，必须进一步完善监督机制。通过建设健全法律实施监督机关，不断推进并完善法治建设监督工作。为了保障法律的实施，必须充分发挥人民检察院

---

① 中共中央、国务院印发：《法治政府建设实施纲要（2021—2025 年）》，人民出版社，2021，第18-19 页。

和人民法院等司法机关的重要作用。人民检察院作为国家法律监督机关，通过实施各项检察活动，教育公民自觉遵守宪法和法律，在保障法律实施，推进完善法治建设监督工作方面起着重要的作用。人民法院通过各项法规，如刑事、民事法规，审理各类案件，从而促进法律的实施。加强司法保障，加强法治国家建设，需要强化监督机制，国家机关要从各个方面保障法律的遵守与实施。完善监督法律实施的相关制度，完善法律解释程序机制，促进违法审查工作。对违法行为进行有效监督和及时处理，必要时还应给予相应的法律制裁，从而发挥国家监督机关的法律效力。

三、重实施：协同推进行政执法规范化

良法得不到实施，也只是一纸空文。中国式现代化进程需要法治政府的保驾护航。党的二十大报告明确提出，深化行政执法体制改革，全面推进严格规范公正文明执法。[①] 协同推进行政执法的规范性，应以习近平法治思想作为理论指导，充分发挥各级党校的育人作用，培养党员干部的法治思维，让党员干部依法履行职责，不滥用权力，不断强化行政执法监督机制和能力建设。习近平总书记强调："法律的生命力在于实施，法律的权威也在于实施。"如果有了法律而不实施，束之高阁，或者实施不力、做表面文章，那制定再多法律也无济于事。[②]

---

① 习近平：《高举中国特色社会主义伟大旗帜 为全面建设社会主义现代化国家而团结奋斗——在中国共产党第二十次全国代表大会上的报告（2022 年 10 月 16 日）》，人民出版社，2022，第 37 页。

② 中共中央宣传部、中央全面依法治国委员会办公室：《习近平法治思想学习纲要》，人民出版社、学习出版社，2021，第 83 页。

"法律需要人来执行，如果执法的人自己不守法，那法律再好也没有用！执法者必须忠实于法律，既不能以权压法、以身试法，也不能法外开恩、徇情枉法。各级领导机关和领导干部要提高运用法治思维和法治方式的能力，努力以法治凝聚改革共识、规范发展行为、促进矛盾化解、保障社会和谐。"①

协同推进行政执法规范化，就必须坚持人民至上的法治理念。"江山就是人民，人民就是江山。"② 中国式现代化本质要求中"高质量发展""全过程人民民主""丰富精神世界""实现共同富裕""人与自然和谐共生"等概念③都体现着以人民为中心的价值体现取向。坚持人民至上，是全面依法治国的根本政治立场，也是法治政府建设的追求所在。坚持人民至上的法治理念，就是坚持人民的主体地位，不断完善人民当家作主的政治体系。中国式现代化最广泛、最深厚的基础是人民群众，人民群众是推进中国式现代化建设的主体和力量源泉。法治政府建设是为了人民、保护人民、造福人民，把人民的利益和意愿放在第一位，把人民的群众的全面发展和人民群众的共同富裕落实到中国式现代化建设的各个领域和全部过程，保障人民当家作主。维护社会公平正义，切实保障人民群众的根本利益，是人民群众的核心关切。确保法律面前人人平等，维护人民群众根本利益，亦是中国式现代化的内在要求。

通过科学配置执法力量，提升执法人员现代化能力，培养领导干部法治思维，全面落实行政执法，完善行政执法程序、

---

① 中共中央宣传部、中央全面依法治国委员会办公室：《习近平法治思想学习纲要》，人民出版社、学习出版社，2021，第84页。

② 习近平：《在党史学习教育动员大会上的讲话（2021年2月20日）》，人民出版社，2021，第15页。

③ 习近平：《高举中国特色社会主义伟大旗帜 为全面建设社会主义现代化国家而团结奋斗——在中国共产党第二十次全国代表大会上的报告（2022年10月16日）》，人民出版社，2022，第23-24页。

加强行政权力的制约与监督，全面建设数字化法治政府，协同推进行政执法规范化，是坚持人民至上、保障人民群众的根本。

（一）科学配置执法力量

科学合理地配置执法力量是实现严格规范、公正文明执法的基础。行政执法任务是配置执法力量的风向标。按常理，行政执法任务越重，执法力量就应当越充足。配置执法力量时，应当以执法任务为核心，从横向和纵向两个层面加以考量。[①] 加强队伍和人才保障，建设一支德才兼备的高素质法治工作队伍，是科学配置执法力量的保障和前提。

《法治政府建设实施纲要（2021—2025年）》明确指出：完善职责清晰、运转顺畅、保障有力、廉洁高效的行政执法体制机制。大力提高执法执行力和公信力。继续深化综合行政执法体制改革。坚持省（自治区）原则上不设行政执法队伍，设区市与市辖区原则上只设一个行政执法层级，县（市、区、旗）一般实行"局队合一"体制，乡镇、街道逐步实现"一支队伍管执法"的改革原则和要求，加强综合执法、联合执法、协作执法的组织指挥和统筹协调。[②]

通过全面推行综合执法，实施联合执法。能够有效解决执法重叠、人力物力浪费的实际问题，提升行政执法机关的正面形象，科学配置执法力量，提升行政决策能力和执行力，从横向维度上可全面推进综合执法力度，从纵向纬度上来看，有利于执法重心下移，满足基层治理的需要，有利于为人民群众服务，即通过稳步将基层管理迫切需要且能有效承接的行政执法

[①] 朱新力等：《中国法治政府建设：原理与实践》，江苏人民出版社，2019，第104-105页。

[②] 同上，第11-12页。

事项下放给基层，能够提高执法效率，不断提升法治政府的形象。

（二）提升执法人员现代化能力

我国专门的法治队伍主要包括在人大和政府从事立法工作的人员、在行政机关从事执法工作的人员、在司法机关从事司法工作的人员。习近平总书记强调："全面推进依法治国，首先要把这几支队伍建设好。"[①]"执法是把纸面上的法律变为现实生活中活的法律的关键环节，执法人员必须忠于法律、捍卫法律，严格执法、敢于担当。"[②]执法人员的素质代表着法治政府的形象。执法人员是否忠于法律，是否捍卫法律，是否严格执法，是否勇于担当，与法治政府的建设、中国式现代化的进程密切相连。全面提升执法人员素质，事关能否协同推进行政执法规范化。

《法治政府建设实施纲要（2021—2025年）》明确提出，推动行政机关负责人带头遵守、执行宪法、法律，建立行政机关工作人员应知应会法律清单，健全领导干部学法用法机制。

国务院各部门根据职能开展本部门、本系统法治专题培训。县级以上地方各级政府负责本地区领导干部法治专题培训。地方各级政府领导班子每年应当举办两期以上法治专题讲座。市县政府承担行政执法责任的部门负责人任期内至少接受一次法治专题脱产培训。加强各部门和市县政府法制机构建设，优化基层司法所职能定位，保障人员、力量、经费等与其职责任务相适应，把法治教育纳入各级政府工作人员初任培训、任职培

---

① 中共中央宣传部、中央全面依法治国委员会办公室：《习近平法治思想学习纲要》，人民出版社、学习出版社，2021，第129页。

② 同上。

训的必训内容。① 提升执法人员素质，不仅仅是加大法治教育，加强行政执法人员专业化、职业化建设，同时也需要提升执法人员现代化的能力，在善治思维下培养领导干部的现代化能力。善治是国家治理体系和治理能力现代化的价值目标。执法人员作为国家治理主体力量，应以善治思维为指导，不断增强治理能力。善治是时代和人民的要求，是中国社会治理的必然选择。坚持以习近平新时代中国特色社会主义思想为指导，深入贯彻落实习近平总书记关于干部能力建设的重要论述，通过善治思维培养干部治理能力，不断推进国家治理体系和治理能力现代化。董子言："当更化而不更化，虽有大贤不能善治也。常欲善治而至今不可善治者，失之于当更化而不更化也。"善治即等同于善政，其主要意义是指好的政府和好的治理手段。王安石认为："立善法于天下，则天下治；立善法于一国，则一国治。"法治的基本内涵即良法与善治，二者相辅相成，良法是善治的前提和基础，善治则是良法的目标和任务，同时也是良法的重要标准。法治是时代和人民的要求，是中国社会治理的必然选择。习近平新时代中国特色社会主义思想的核心内容之一是："明确全面深化改革总目标是完善和发展中国特色社会主义制度，推进国家治理体系和治理能力现代化。"由此可见推进国家治理能力建设的重要性。要实现治理能力现代化，其逻辑上应以善治为导向，善治即等同于善政，其核心意义是指好的政府和相应的、好的治理手段，这也是推进国家治理能力建设的核心目标。要推进国家治理能力，就需要深入贯彻落实习近平总书记关于干部能力建设的重要论述。通过善治思维培养执法人员治理能力，坚持立党为公、执政为民，践行全心全意为人民

---

① 中共中央、国务院印发：《法治政府建设实施纲要（2021—2025 年）》，人民出版社，2021，第 25 页。

服务的宗旨，尤其是国家权力的社会回归。"领导干部作为社会管理的领航者，肩负社会高质量发展的重任，善用善治思维，追求善治的社会治理目标，这符合新时代社会发展的要求，也是政府和公民社会之间博弈的结果。"① "习近平总书记站在推进国家治理体系和治理能力现代化的全局性的高度上强调新时代要将干部队伍治理能力建设作为重大任务来抓：构建系统完备、科学规范、运行有效的制度体系，加强系统治理，依法治理、综合治理、源头治理、把我国制度优势更好转化为国家治理效能。"② 据此，执法人员和干部能力现代化的内涵包括干部系统治理能力、依法治理能力、行政治理效率等一系列治理能力的体现。各种能力要求干部能够直面各种难题，有做事的决心，有做事的魄力，不断解决各项问题，全面践行全心全意为人民服务的根本宗旨。在善治思维指导下，把党的群众路线贯彻到治国理政活动之中，把人民对美好生活的向往作为奋斗目标，依靠人民开创善治新局面。

在善治思维下培养执法人员和干部治理能力现代化，首先要提升执法人员的治理能力。系统治理能力要求执法人员和干部在工作中做到统筹兼顾，从时代发展全局战略出发思考问题，做出最优决策。要提升系统治理能力，需要以善治治理理念为指导，不断提高实践调查研究能力，坚持到群众中去、到实践中去，通过调研获得大量一手实证材料，并对材料进行归纳总结、对比分析，统筹兼顾，综合平衡，及时上升为决策部署，转化为具体施政措施。所有事物都以系统的形式存在，拥有系统思维，就能够"十指弹琴"，切实将政策落地，做到根据实情

---

① 王伟华：《善治思维下领导干部治理能力现代化研究》，《特区实践与理论》2022年第2期，第23页。

② 同上，第23页。

及时跟踪调整，坚持用系统观念解决复杂问题。其次，要培养执法人员的法治思维和法治方式。法治的基础是善治，法治是实现善治的最根本途径，干部依法治理能力即善用法治思维和法治方式治理国家。要坚持不断提高政治能力，拥有政治敏锐性和政治鉴别力，不断学习并提高马列主义思想理论水平，通过加强政治历练，做社会主义现代化建设的坚定实践者，通过提高政治能力，坚持依法治理，善用法治思维和法治方式化解纠纷、处理矛盾、解决问题。再次，要提升执法人员和干部的行政治理效率现代化。执法人员和干部在善治思维指导下，工作中应注重整体性和协调性，各种工作和决策都不是孤立的，应互相配合，形成一套"组合拳"，即干部应不断提升行政治理效率。第一，通过提高改革攻坚能力，以主动的心态实现改革创新，在工作中未雨绸缪，牢牢抓住主动权，同时注重增强系统性、整体性、协同性，使各项工作措施相互促进，提高行政治理效率。第二，要不断提高应急处突能力，做到心中有数，分类施策，化解危机。第三，要提高群众工作能力，以善治思维为指导，把人民群众放在首要位置，把人民群众的利益放在心中。第四，要提升执法人员和干部的综合治理能力现代化。执法人员和干部综合治理能力现代化提升的落脚点是抓落实。执法人员应脚踏实地，真抓实干，不断化解难题，开创综合治理工作新局面。应与时俱进，系统利用政、经、法等多元手段，同时创新治理手段，引进新的科技治理手段，充分利用互联网+大数据、人工智能、区域链等现代信息技术，提高治理能力的精确性。

法治政府的建设依赖于执法人员的素质提升。执法人员和领导干部应善用法治思维去行政，通过法律思维的培养，善用法治思维来处理各类问题，在治理过程中坚持遵循各项法律政策。良好的法律法治环境有利于培养干部依法治理能力，干部依法治理能力的提升，反过来促进法治文化建设，二者相辅相成。执法人员治理能力现代化的内涵之一便是依法治理。同时，需要强化理论修养，打造高素质干部培养工程。强化理论修养即加强党员干部理想信念宗旨和对党忠诚教育，党员干部要深学笃用习近平新时代中国特色社会主义思想，及时跟进学习相关创新理论，才能不断提高政治领悟力、判断力、执行力，思想上与行动上才能同党中央保持高度一致。要充分发挥党校的育人功能，在打造高素质干部培养工程中发挥领头雁的作用，全面提升干部现代化能力。狠抓组织落实，全面推进治理能力建设保障工程。健全完善干部现代化能力考核识别办法，强化平时考核、年度考核。健全完善专项考核激励方法，狠抓组织落实，不断激励干部做事创新精神，不断推进执法人员能力现代化。立足于单位和干部的个性，制定相关的考核激励方法，让所有的执法人员在工作中有目标、有方向、有干劲、有动力。全面推动精准化建设保障工程，从工作出发，落脚点在工作实绩成效，整体提升执法人员工作能力，促进法治政府建设。

总之，开启全面建设中国式现代化的新征程，全面建设法治政府，离不开一支政治过硬、具备领导现代化建设能力的执法队伍。执法人员和党员干部作为国家治理主体力量，应以善治思维为指导，以习近平新时代中国特色社会主义思想为指导，深入贯彻落实习近平总书记关于干部能力建设的重要论述，在善治思维下，全面培养干部治理能力，不断提升干部系统治理能力、干部依法治理能力、干部行政治理效率。同时，通过建设法治文化，改善干部能力现代化提升环境；强化理论修养，打造高素质干部培养工程；狠抓管理落实，不断推进治理能力建设保障工程。

（三）培养领导干部法治思维

依法治国和法治政府建设，是全面建设社会主义现代化国家的必然要求，是中国式现代化进程的重要保障。依法治国要求领导干部具有法治思维。法治思维追求公平正义，领导干部需要不断提升法治思维能力，运用法治方式深化改革，依法办事，推动社会主义现代化国家建设进程。提升领导干部法治思维能力，让领导干部自觉运用法治思维处理问题，坚持为民用权，培养领导干部社会主义法治信仰，这对于建设法治中国，推进国家各项工作走上法治化正轨，推进法治政府的全面建设，具有重要的意义。

依法治国是建设社会主义国家的必然要求。依法治国，能够促进国家各项工作走上法治化正轨，实现国家政治、经济、文化和社会生活的法律化及规范化。依法治国，能够推动国家经济持续发展，保障国家安全。新的历史背景下，依法治国要求领导干部具有法治思维，党对领导干部运用法治思维执政提出了新的要求。法治作为一个综合概念，具有多重含义。其外在形式体现在依法治国方面，基本要素是依法办事。法治的核心主旨是根据价值观构建社会的基本结构和行为方式，形成社会管理模式。社会管理模式以法律制度为主导，体现有序化。法治不仅指法律制度，更重要的是一种价值追求。法治思维是以法治为价值追求和以法治规范为基本遵循来思考问题、指导行动的一种思维方式，它是法的思维之一种。法的思维是观察、理解和解释人与人、人与国家以及人群之间关系的规范思维，包括法律思维和法治思维。法治思维是在静态法律思维基础上形成的活态表达方式，它在现代条件下围绕社会生活规范性命题产生并作用于一切规范化制度运行安排，开辟了重新认识人与国家关系的独特视角。① 法治思维是一种思维模式，以合法性为出发点，法治思维基于法治建设。领导干部只有不断提升法治思维能力，才能更好地建设法治中国。

徒善不足以为政，徒法不能以自行。良法需要合适的人去正确地实施，良法的实施依赖于领导干部。如果领导干部缺乏法治思维，则不能正确地实施良法；如果领导干部缺乏法治思维，依法治国则难以推进。领导干部法治思维的欠缺会对社会和国家造成一定的负面影响。因此，培养领导干部法治思维是依法治国的必然要求，也是建设法治中国的内在要求，领导干部法治思维的培养，对社会、经济和国家的建设都有较大的影响。提升领导干部法治思维能力，是全面深化改革的客观要求，解决各种社会问题的关键。领导干部要运用法治思维和法治方式深化社会主义改革，推动经济和社会的发展。运用法治思维能够有效地化解各类矛盾，在工作中做到依法办事，形成良好的法治环境。法治国家的建设和发展，都离不开人。未来法治国家的发展，关键因素就是人的素养和法律素质。提升领导干部法治思维能力，要求领导干部善用法治思维处理实际问题，善用法治思维看待和解决各种矛盾和问题，形成法治思维，将公权力约束在法律允许的框架内，依法用权，为民用权，实现依法治国的战略。提升领导干部法治思维能力，培养领导干部法治思维，将依法治国纳入工作的全部过程中，能够推进国家建设，巩固执政党的执政地位，推进实现"两个一百年"奋斗目标，实现中华民族伟大复兴之梦。

提升领导干部法治思辨能力是领导干部法治思维培养的基础。首先，通过不断地学习，让领导干部认识到实施依法治国

---

① 贺海仁：《提高领导干部法治思维能力》，《光明日报》2020 年 11 月 13 日，第11版。

方略和法治国家建设是党的重要目标。法治是治国理政的基本方式，领导干部在执政过程中要确保良法的实施。其次，要用法治思维谋划发展，让领导干部对社会主义法律产生信仰，让领导干部对法律的重要作用的认识不断加深，用法治思维谋求发展，在工作实践中做到有法可依、依法办事。用法治方式推动发展，让领导干部不断认识到法治的重要作用，认识到民主必须制度化、法律化，才能获得切实保障和有序运作。通过学习法律法规和相关法律制度，在执政中用法律法规来保障和改善民生，促进社会经济不断发展，建立相关就业及社会保障体系，不断完善社会管理，维护社会安定团结，推进法治建设进程。倡导法治宣传，让领导干部对法有更正确、更清晰的认识，不断提升领导干部对法律的认知和理解，从而产生对法律的信任感，将法治思维根植于领导干部内心，进而对社会主义法治产生信仰。培养领导干部用法治思维为民服务的意识，要加强法治的宣传，让领导干部正确认识法治社会的优势，认识法律执行社会公共事务的作用。用法治思维谋划稳定工作，将依法办事纳入整个工作过程，用法治思维为民服务，坚持一切为了人民，用权为民，依法用权，自觉接受对权力运行的监督。在法律监督过程中，高度重视群众监督的作用。充分利用网络监督，以及传统的检举揭发、申诉以及信访等法律规定的群众监督的制度形式，实行举报查实有奖制度，发挥群众对党政领导干部行为进行监督的积极性和主动性。[①] 人民群众监督的实际效果不断提高，依赖于全民法律意识的增强，特别是领导干部法治思维的提升。社会主义法律是全国人民意志的体现，由社会主义中国的国家性质所决定。我国的社会主义性质必然要求

---

① 刘颖：《全面依法治国中党政领导干部法治价值观展开进路》，《西南民族大学学报》2021 年第 4 期，第 134 页。

领导干部法治意识的培养要坚持社会主义方向。培养领导干部社会主义法治信仰，领导干部要做到坚持严格执法，从实际出发，依法执政，在法治轨道上推动各项工作；培养领导干部社会主义法治信仰，让领导干部用法治思维谋划发展，带头依法办事，带头遵守法律，不断强化法治意识思维，防止公权力滥用，杜绝执法不力、执法过度。培养领导干部社会主义法治信仰，将法律作为国家运行的最基本规则。领导干部法治意识的培养，要不断优化培养途径。在培养思路上注重德法兼修。只有不断优化培养途径，才能不断提高领导干部法治思维能力。各级党校是领导干部法治思维培养的重要领域，通过规范引导，强化领导干部的法治思维。新时代背景下，社会已经进入"AI+教育"的时代，知识经济时代的到来，对领导干部法治思维的培养提出了更高的要求。在"AI+教育"的信息化时代，传统的法治教育培养手段显得单一。同时，国内外形势的变化，也对领导干部法治思维的培养提出了更高的要求。领导干部法治思维的培养，受到个人的思想道德素质、社会文化因素等多方面的影响。单一的培养手段，很难达到实际效果。因此，需要借助 AI+教育平台，通过网络学习平台、推送微信图文等多种现代化教育方式，实现培养途径的优化。

依法治国是社会进步的重要标志，也是社会主义法治国家建设的必然要求。坚持依法治国，要重视领导干部法治思维的培养，这有利于国家各项工作走上法治化的正轨，让国家社会、经济和文化等层面实现法律化、规范化。广大人民群众在党的领导下，参与管理国家，逐步实现社会主义民主的制度化和法律化。领导干部法治思维的培养，有利于实现依法治国，领导干部法治思维的培养，依赖于多种因素。加强领导干部法治思维培养，要不断提升领导干部法治思辨能力，用法治思维谋划发展，推动各项工作；用法治思维为民服务，为民用权，依法用权，要注重培养领导干部社会主义法治信仰，推进国家法治建设，推进法治政府建设进程，加快中国式现代化进程，维护人民群众的根本利益。

（四）全面落实严格执法

习近平总书记强调，"推进严格执法，重点是解决执法不规范、不严格、不透明、不文明以及不作为、乱作为等突出问题，切实做到严格规范，公正文明执法。严格规范公正文明执法是一个整体，要准确把握、全面贯彻，不能畸轻畸重、顾此失彼。涉及群众的问题，要准确把握社会心态和群众情绪，充分考虑执法对象的切身感受，规范执法言行，推行人性化执法、柔性执法、阳光执法。但是，不论怎样做，对违法行为一定要严格尺度、依法处理。强调严格执法，让违法者敬法畏法，但绝不是暴力执法、过激执法，要让执法既有力度又有温度。要树立正确法治理念，把打击犯罪同保障人权、追求效率同实现公正、执法目的同执法形式有机统一起来，坚持以法为据、以理服人、以情感人，努力实现最佳的法律效果、政治效果、社会效果"。①

行政执法是法治政府实施最为重要、最为普遍的行政活动。2019 年 1 月 3 日，《国务院办公厅关于全面推行行政执法公示制度执法全过程记录制度重大执法决定法制审核制度的指导意见》发布，就全面推行行政执法公示制度、执法全过程记录制度、重大执法决定法制审核制度工作有关事项提出明确要

---

① 中共中央宣传部、中央全面依法治国委员会办公室：《习近平法治思想学习纲要》，人民出版社、学习出版社，2021，第 109 页。

求。① 我国虽然已经形成相对较为完善的行政法律规范体系，但执法、行政执法不规范仍时有发生，法律的实施效果有待进一步落实。由于官本位等思想的影响，在行政执法的各个领域，仍然存在一定程度的执法不规范、不作为、乱作为等各种现实问题。不规范的行政执法行为极大地影响了法治社会建设进程，直接影响了法律的有效实施，阻碍了法治政府的全面建设。

行政权具有积极、主动、广泛、自由裁量性等显著特点，对公民权益的影响普遍、经常、深刻。因此，建设法治政府的关键是规范行政行为，行政权必须依法行使，必须遵循法律权限与程序。只有健全行政执法工作体系，全面推进严格规范、公正文明执法，才能不断提高人民群众的满意度，不断提升行政执法水平，让人民群众在执法行为中感受到公平与正义，不断提高我国政府的法治化程度。建设有中国特色的法治政府，全面落实行政执法，是我国实现依法治国、实现中国式现代化进程的关键所在。现代社会呈现出化解难、易激化的特征，对法治政府的建设和中国式现代化进程的推进都提出了更高的要求。

只有不断更新执法理念，不断为社会公众提供优质的公共服务，为人民群众提供优质高效的服务，才能全面落实行政执法，才能担当起现代中国法治政府的职责。通过健全行政执法体制，对社会公共事务进行有效的管理，树立法治政府的正面形象。行政执法是依法行政的重要环节，是政府权力与公民权利的交锋，只有公正有效地行使政府权力，才能有效地实现行

---

① 《国务院办公厅关于全面推行行政执法公示制度执法全过程记录制度重大执法决定法制审核制度的指导意见》（国办发［2018］118 号），中华人民共和国中央人民政府网，http://www.gov.cn/zhengce/content/2019-01/03/content_5354528.htm，访问日期：2023 年 6 月 12 日。

政管理，保障公民的权益，加快法治国家的建设步伐。

执法人员应当遵循依法行政原则，即行政合法性原则，指行政机关必须具有依法行使行政权力、管理公共事务和遵守法律规定的合法权限。依法行政是行政法中最重要的原则。法治国家的建设与发展都是建立在依法行政的基础上。法律实施的规范，是法律对行政权力的运作，立法者制定法律，它就代表公众舆论并体现最高水平。行政机构任何的行政活动，都不得与现行法律相抵触。依法行政包含了法治原则和精神。法律的制定是为了适用与实施。制定好的法律如果不能很好地实施，则成为一纸空文，立法的意义也不复存在。行政法规范具有成文法源和不成文法源，因此具有复杂性、多样性和多层次性等显著特点。这些特点使行政法的适用过程变得较为复杂。具体到行政事务，应当对抽象的行政法规范进行阐释，以使行政法规范具有适用性。规范法是普遍的抽象规定，其规范作用的实现，通常都依赖于法律适用者结合具体案例，从而赋予一定的法律效果。法律适用者，具体而言即行政机关，在发挥行政法规范作用的时候，应结合具体实例，赋予行政法规一定的法律效果。法律适用者应当将一定的法律效果与具体的案例有效结合，在执法过程中加强对行政法的适用。首先，应查清具体案件事实，行政机关对事实进行查证的环节要遵循的一个关键原则，即职权调查原则。只有遵循职权调查原则，才能最大程度保证公平公正。因为行政适用其目的是维护和促进公益。行政执法程序由行政机关占主导地位，行政机关应依法调查案件，不能受当事人的任何影响。在充分调查案件的基础上，进入下一步环节，即匹配能够适用的法律规范，换言之，行政法规范的适用，通过与具体案件的有效结合，选择适用明确、适用的行政法规范。事实上，法律文字因其自身特性，具有模糊性等特点，法律适用者在执法实践中，应查找可适用的法律规范，对于合适的法律规范，具体分析其结构和内容，从而确定该规范是否符合该案例，是否具有适用性。

依法行政是行政法中最重要的原则。行政机构在任何行政行动中，都不得实施与现行法律相抵触的违法行为。所有行政活动不得与法律相抵触，尤其在涉及公民权利和义务的事务中，行政机关只有在法律明确授权的情况下，才能进行相应的管理活动。要依法行政，就需要明确法律效果，即执法者在确定某一案件事实与法律规范的构成要件相符，需要确定相应的法律效果，执法者赋予该效果。但由于存在不确定法律概念，所以需要进行法律解释。法律解释是法律适用的基本方法，法律经由解释才能适用。[①] 法律中存在部分概念不明确的特点，这是行政法解释存在的基础，立法者通过使用不确定的部分法律概念，以保证法律适用的灵活性和弹性。法律解释，是行政机关在执行法律过程中对法律进行的解释，其形式多样化，根据具体的裁决做出不同的解释。在我国，全国人大常委会对全国人大及其常委会依法制定的规范性文件具有解释权。此类解释属于行政抽象解释。而具体解释则由国务院与相关行政主管部门、其他行政机关在具体处理相关行政事件时，对法律进行解释。行政解释不仅是法律解释法，更是一种法律解释制度。行政解释除了对法律、法规、规章所做的解释，还有一种是针对具体的特定的法律规范问题所做的专门解释，如以批复、解答、通知、意见等形式做出的解释。[②] 行政法的适用与解释，必须遵循上位法优于下位法原则，法律规范具有不同的来源，但法律秩序是统一的整体，采用上位法优于下位法原则，能够有效避

---

① 赵德铸：《关于行政解释的几个问题》，《山东社会科学》2011 年第 10 期，第 85 页。
② 同上，第 87 页。

免法律秩序矛盾的产生。通过解释法律规范，确保上位法与下位法的法律规范一致，从而提升行政法的有效适用性。同时，特别规定应当优于一般规定，新规定优于旧规定。在行政审判中，应处理好政策与法律之间的关系；在实践中，通过对行政法进行解释保证行政法的实施，对发扬社会主义民主、建设法治政府、推进中国式现代化进程，具有重要的意义。

现代行政活动领域范围较为广泛，既包含国家各项事务的管理，又包含公共事务的管理，所有的社会活动领域都包含有行政活动。各个领域都需要行政法加以规范，因此，行政法的适用与解释具有现实指导意义。行政法是规范国家行政管理的法律规范，中国正处在法治建设的关键进程中，在此背景下，行政法律规范应适应不断变化的行政职能和社会需求，用法律手段推动社会经济和文化的发展。

（五）完善行政执法程序

行政执法程序是为了规范行政执法行为，保障相对人合法权益而制定的程序。行政执法程序包括内部行政程序和外部行政程序。只有完善行政执法程序，才能更好地规范行政执法行为，全面严格落实行政执法公示、执法全过程记录、重大执法决定法制审查制度，统一行政执法案卷文书基本标准，提高执法案卷文书规范化水平，完善行政执法文书送达制度，全面落实行政裁量权基准制度，细化量化本地区各行政执法行为的裁量范围、种类、幅度等，并对外公布。① 只有不断完善内部和外部行政执法程序，才能确保行政执法的公正和合理。通过执法全过程记录，对外公布行政执法的裁量范围、种类、幅度等，

---

① 中共中央、国务院印发：《法治政府建设实施纲要（2021—2025年）》，人民出版社，2021，第13页。

才能依法保障人民群众的各项权利，才能打造一个阳光透明的法治政府。法治政府的建设要求法的品性在行政执法和行政执法程序中体现出来。只有不断完善行政执法程序，才能建立一个诚信、透明、高效、有责任感、敢担当的法治政府。中国的法治化建设是以人民群众根本利益为出发点，以实现人民群众的权益和自由为基准，法治政府的出发点是以人民群众为本。因此，完善行政执法程序，确保政府权力以维护人民群众的利益为宗旨，一切权力属于人民，主权在民。

完善行政执法程序，应以习近平法治思想为指导，坚持党的领导，基于我国的基本国情，选择法治政府建设的模式，选择中国式现代化的道路。完善行政执法程序，通过行政程序对权力的行使进行事前和事中的监督和制约，防止行政权的滥用，提高行政权行使的效率，平衡行政权和相对方权利之间的关系，保障相对方的合法权益，已成为现代行政法的一个重要特征。①

行政公开，将行政权力运行的依据、过程和结果向人民群众公开，通过公开行使行政权力的依据和过程，规范行政执法行为，完善行政执法程序，限制行政权力的滥用。权力需要合理配置；同时，需要合理限制以保障公民的权利。由于行政行为对象具有特定性，内容具有具体性，行为方式具有多样性，因此，行政程序具有多样性和差异性的特征。完善行政执法程序，体现出行政效率的原则，更要体现出保护相对人合法权益的原则。执法程序要公平、公正、公开，基于法理，立足于事实，在职权范围内进行行政裁量，程序公平公正，执法才能公平公正。

---

① 马怀德：《法制现代化与法治政府》，知识产权出版社，2010，第391页。

（六）行政权力的制约与监督

公权力姓公，也必须为公。习近平总书记强调："只要公权力存在，就必须有制约和监督。不关进笼子，公权力就会被滥用。"① 行政权力是宪法和法律赋予行政机关的权力，也是国家权力的重要组成部分，事关法治政府管理经济、社会、文化等各种事务，事关中国式现代化进程。而行政权力的制约与监督具有重要的实践指导意义。法治政府的建设，必须完善行政权力的运行、制约和监督机制，规范行政立法、执法、行政权力的运行。加强党对法治政府的监督，必须把行政权力的制约与监督作为国家监督体系的重要组成部分。只有加强制约与监督，才能保障行政权得到依法正确行使，才能保障公民的合法权益。对行政权力的制约与监督，可以通过制度化来实现，重大行政决策实现制度化、规范化和法治化，健全科学民主、依法行政决策机制，强化行政权力的制约与监督。强化行政权力的制约和监督，能够有效保障人民群众的基本权利，推进法治政府建设，推进中国式现代化进程。通过建构有效的制约与监督体系，确保行政权力的运行公平、公正、合法，确保行政权力不越位、不错位。

中国共产党领导下的政府，代表广大人民群众的根本利益。中国共产党执政是历史的选择，中国共产党的执政更是人民的选择。中国共产党的执政能力经受住了历史的考验，中国共产党的先进性决定其具备主导法治政府建设的能力。中国共产党执政，选择法治建设之路，选择法治政府建设之路，是基于中国的国情和现实。实践表明，中国共产党的选择是正确的，

---

① 中共中央宣传部、中央全面依法治国委员会办公室：《习近平法治思想学习纲要》，人民出版社、学习出版社，2021，第85页。

也是现实可行的。然而，中国数千年来延续下来的重人治、轻法治的传统，成为中国法治文化建设中的障碍所在。法律权威和法律信仰的缺失成为中国关系文化难以长足发展的重要原因之一。① 同时，由于政府监督机制还不够完善，权力机关监督具有有限性，司法的独立性也有待进一步加强，行政机关自我监督力度有待进一步加强，加之公众的监督不系统、缺乏保障等诸多现实因素，都使行政权力的行使迫切需要一种合力的监督。健全行政权力制约和监督体系，才能促进行政权力规范透明运行。要对行政权力进行全面的制约和合理的监督，核心在于打造一个透明阳光的政府。首先要立足于中国的国情，从中国式现代化进程出发，在中国共产党的坚强领导下，坚持将行政权力制约和监督体系纳入党和国家监督体系中，通过全局谋划，突出党内监督主导地位，将党内监督与人大监督、民族监督、行政监督、司法监督、群众监督、舆论监督等各类监督有机贯通、相互协调，积极发挥审计监督、财会监督、统计监督、执法监督、行政复议等监督作用，自觉接受纪检监察机关监督，对行政机关公职人员违法行为严格追究法律责任，依规依法给予处分。② 其次，要不断规范政府的自我监督工作，依法组织开展政府监督工作，对不作为、乱作为的依法依规严肃问责。只有严格落实政府各级监督工作，切实监督各项行政执法工作，尤其是加强廉政建设工作，对不作为、乱作为行为严肃问责，只有明确了政府监督和督查的职责、程序，才能落实对行政权力的制约和监督工作，才能使政府的监督工作做到有效、科学。

---

① 中共中央宣传部、中央全面依法治国委员会办公室：《习近平法治思想学习纲要》，人民出版社、学习出版社，2021，第346页。

②中共中央、国务院印发：《法治政府建设实施纲要（2021—2025年）》，人民出版社，2021，第18-19页。

再次，落实行政执法责任，确定执法责任，有利于强化行政执法制约和监督，减少重点领域执法不作为、执法不严格、不规范等各类现实问题，确保党和人民赋予的权力始终用来为人民群众谋幸福。最后，要全力打造一个阳光透明的政府。《法治政府建设实施纲要（2021—2025 年）》明确指出：

全面主动落实政务公开。坚持以公开为常态，不公开为例外，用政府更加公开透明赢得人民群众更多理解、信任和支持。大力推进决策、执行、管理、服务和结果公开，做到法定主动公开内容全部公开到位。加强公开制度化、标准化、信息化建设，提高政府提高政务公开能力和水平。全面提升政府信息公开申请办理工作质量，依法保障人民群众合理信息需求。鼓励开展政府开放日、网络问政等主题活动，增进与公众的互动交流。加快构建具有中国特色的公共企事业单位信息公开制度。加快推进政务诚信建设，健全政府守信践诺机制，建立政府诚信监测治理机制，建立健全政务失信记录制度，将违约、毁约、拖欠账款、拒不履行司法裁判等失信信息纳入全国信用信息共享平台并向社会公开。建立健全政府失信责任追究制度，加大失信惩戒力度，重点治理债务融资、政府采购、招标投标、招商引资等领域的政府失信行为。

法治政府就是法治下的政府，因此，法的品性在政府的特征中体现出来。这要求法治政府应当是有限、诚信、透明、高效、责任政府。这是权力来源于权利的法律属性的要求和体现，即权力不得侵犯权利，不得失信于权利，应当自觉接受权利参与监督，有效回应权利诉求，对权利负责。①

加强对行政权力的监督制约，坚持有权必有责、有责有担

---

① 马怀德：《法制现代化与法治政府》，知识产权出版社，2010，第 89 页。

当、失责必追究，才能确保法治政府的全面建设。调动行政工作人员的积极性，从实际出发，勇于担当，敢于担当，为中国式现代化的进程贡献力量。阳光是最好的防腐剂，权力运行不见阳光，或有选择地见阳光，公信力就无法树立。要坚持以公开为常态，不公开为例外，全面推进立法公开、执法公开、司法公开，逐步扩大公开范围，提升公开服务水平，主动接受新闻媒体、舆论监督和社会监督。[①] 因此，要使行政权力得到有效的制约和监督，重点工作就是建立一个阳光透明的政府，让权力运行在阳光之下，让权力为权利服务，根本立足点在于以人民为中心，为人民服务。

（七）全面建设数字化法治政府

习近平总书记指出："以互联网、大数据、人工智能为代表的新一代信息技术日新月异，给各国经济社会发展、国家管理、社会治理、人民生活带来重大而深远的影响。"[②] 随着数字科技应用的快速发展，数字技术已成为国家治理体系和治理能力的重要支撑。全面建设法治政府，必须加强科技和信息化保障，健全数字科技保障体系。只有坚持运用数字技术手段驱动法治政府建设，才能有效推动政府治理流程再造和模式优化，才能最大限度提高政府治理效能，才能加快实现政府治理体系和治理能力的现代化。全面建设数字法治政府，核心要义就是运用现代数字科技手段全面建设"智慧政府"，推进法治政府建设的数据化、网络化、智能化。各地区各部门要优化整合政府法治

---

① 中共中央宣传部、中央全面依法治国委员会办公室：《习近平法治思想学习纲要》，人民出版社、学习出版社，2021，第88页。

② 《习近平向 2018 中国国际大数据产业博览会致贺信》，新华网，http://www.xinhuanet.com/politics/leaders/2018-05/26/c_1122891772.htm，访问日期：2023 年 6 月 20 日。

领域各类信息、数据、网络平台，加快推进政务服务平台、政府信息平台、法规规章行政规范性文件统一公开查询平台等政府法治信息化平台的建设；要建立健全政务数据共享协调机制，构建全国一体化政务大数据体系，加强政务信息系统优化整合，加快推进政务数据向社会有序开放共享；要加强国家"互联网+监管"系统和全国行政执法综合管理监督信息系统建设，促进政府监管规范化精准化智能化，强化对行政执法的全方位、全流程监督；要推动大数据、人工智能等科技创新成果同行政执法工作的深度融合，积极推进智慧执法，加强智能执法装备的配备和应用。①

全面建设数字法治政府，是和中国式现代化建设一致的。中国式现代化语境下，法治政府的建设必须依靠数字的支撑。全面建设数字法治政府，要把数字政府建设与法治政府建设紧密结合起来，使科技与法治在政府治理中相辅相成、相互促进，共同推动政府治理体系和治理能力现代化。当前，全面建设数字法治政府，必须从完善数字技术安全体系、完善数字法律体系、加强政府数字能力建设三个方面入手。

四、明职责：全面履行法治政府五大职能

党的二十大报告指出，中国特色社会主义最本质的特征是中国共产党领导，中国特色社会主义制度的最大优势是中国共产党领导。② 坚持走中国特色社会主义法治道路，就要加快建

---

① 崔文俊：《全面建设数字法治政府 加快实现政府治理现代化》，《天津日报》2023年03月06日，第10版。

② 赵乐际：《坚定不移全面从严治党》，《人民日报》2022年10月31日，第02版。

设法治社会，法治社会是构筑法治国家的基础，法治政府建设又是全面依法治国的主体工程。因此，应加强党对法治政府建设的全面领导，以习近平法治思想作为法治政府建设的指导思想，多层次、多维度推进依法治理，全面提升政府行政决策执行力，不断提升法治政府治理法治化的水平。要全面提升政府行政决策执行力，就要以人民为中心。政府权力根本上来自人民，法治政府建设也要始终把人民立场作为根本立场，抓住人民最关心最直接最现实的利益问题，实现好维护好发展好人民群众的根本利益。政府改革和法治政府建设也必须坚持党的全心全意为人民服务宗旨和最广大人民根本利益的标准。[①]"各级政府一定要严格依法行政，切实履行职责，该管的事一定要管好、管到位，该放的权一定要放足、放到位，坚决克服政府职能错位、越位、缺位现象。"[②]只有心中有人民，坚守初心，遵循为人民服务的宗旨，才能克服"官本位"的错误思想，才能避免政府职能的错位，进而全面提升行政决策执行力。

治理能力现代化是中国式现代化的保障。治理能力现代化要发挥国家治理体系的效能，依靠制度、机制、政策、技术等因素，实现决策能力的民主科学化、执行能力的法治化、调控能力的协调统筹化、协同能力的互动合作化，提升国家治理能力的现代化水平。回顾中国式现代化的历史进程，可以发现治理体系和治理能力现代化是中国式现代化建设的重要保障，对维系社会稳定、法治平安、提高公众安全度具有重要意义和积极作用。中国共产党领导下的中国式现代化之所以能够在经济

---

① 孙彩红：《习近平关于法治政府建设论述的基本框架和逻辑层次》，《广西社会科学》2022 年第 2 期，第 37 页。

② 中共中央宣传部、中央全面依法治国委员会办公室：《习近平法治思想学习纲要》，人民出版社、学习出版社，2021，第 118 页。

高速发展的同时实现社会的长期稳定，与治理能力现代化的水平不断提升密切相关。①

习近平总书记强调："推进全面依法治国，法治政府建设是重点任务和主体工程，对法治国家、法治社会建设具有示范带动作用。"必须深入推进依法行政，加快建设法治政府，建构职权明责、依法行政的政府治理体系。② 只有明确政府的职责，将权力关进制度的笼子，用法治给行政权力定规矩、划界限，才能不断提升政府行政决策执行力，才能深入推进依法行政，加快法治政府建设步伐，全面履行法治政府五大职能。

（一）履行法治政府政治职能

政府的政治职能主要是指政府为维护统治阶级的利益，对外保护国家安全，对内维护社会秩序的职能。全面推进依法治国，是着眼于实现中华民族伟大复兴中国梦，实现党和国家长治久安的长远考虑。③ 中国特色社会主义的实践向前推进，法治建设必然要紧跟其后，中国式现代化进程的推进必然要法治政府的主导来实现。因此，要把法治政府建设放在更加突出的位置，充分履行法治政府的政治职能，坚持在法治轨道上统筹社会各界力量，平衡社会各种利益，调节社会各种关系，规范社会各种行为，保障公民的各项权益，充分发挥法治的引领、规范和保障作用，逐步实现国家治理制度化、规范化和法治化。

法律是治国之重器，法治是治国理政的基本方式。当今世界正经历百年未有之大变局，我国正处于实现中华民族伟大复

---

① 蔡昉等：《中国式现代化：发展战略与路径》，中信出版集团，2022，第 114 页。
② 中共中央宣传部、中央全面依法治国委员会办公室：《习近平法治思想学习纲要》，人民出版社、学习出版社，2021，第 101 页。
③ 同上，第 63 页。

兴关键时刻，改革发展稳定任务艰巨繁重，全面对外开放深入推进，人民群众在民主法治、公平正义、安全环境等方面的要求日益增长。全面依法治国在党和国家工作全局中的地位更加突出，作用更加重大。全面依法治国是关系我们党执政兴国、关系人民幸福安康、关系党和国家长久长治久安的重大战略问题，是坚持和完善中国特色社会主义制度、推进国家治理体系和治理能力现代化的重要内容，是解决党和国家事业发展面临的一系列重大问题、解放和增强社会活力、促进社会公平正义、维护社会和谐稳定的根本要求。①

全面依法治国，法治政府建设是重点任务和主体工程，对法治国家、法治社会建设具有示范带动作用。② 加快落实政府职能，尤其是法治政府的政治职能非常关键。各级政府必须坚持在中国共产党的领导下，在法治轨道上开展各项工作，履行政府的政治职能。加强党员干部的党性修养，全面提升党员干部的法治思想意识，以有利于履行政府的政治职能。

中国共产党的宗旨是全心全意为人民服务，要践行全心全意为人民服务的宗旨，就要加强党性修养，这是党员队伍建设的重要内容，也是保持党的先进性的必然要求。从中国共产党肩负的历史使命出发，应对执政现实环境，立足为人民服务的最高党性加强党性修养，要以坚持党性和人民性的统一为根本原则，立足本职岗位，全面践行群众路线。中国共产党从诞生的那一天起，就把全心全意为人民服务作为自己的根本宗旨，始终把人民群众的根本利益作为一切工作的出发点和归宿。③

---

① 中共中央宣传部、中央全面依法治国委员会办公室：《习近平法治思想学习纲要》，人民出版社、学习出版社，2021，第10页。

② 同上。

③ 诸凤娟：《为人民服务：从政治伦理到道德规范》，《中国特色社会主义研究》2011年第4期，第67页。

和其他政党相比较，中国共产党始终坚持为人民服务，这是党性的最高体现，也是共产党与其他政党的本质区别。立党为公，执政为民，全心全意为人民服务，是每一个共产党员应当践行的群众路线，是每一个共产党员都应当时刻牢记的宗旨。历史的创造者是人民群众，人民群众是国家的主人。为人民服务的政党才能赢得人民的心，为人民服务的政党才能长久。人民是中国共产党执政的基础，人民对美好生活的向往是中国共产党的奋斗目标。中国共产党能够深入人心，团结人民，统一意志，是建立在全心全意为人民服务的基础之上。中国共产党能够得到人民的全力支持，最重要的是我们党充分认识到人民是党的执政之源和根本。得民心者得天下，失民心者得天下。只有人民群众拥护党、拥护党，党才能不断地发展壮大。党的执政最可靠的基础是人民群众的拥护和支持。换言之，人民群众的拥护是党生存的关键。因此，加强党性修养，首先要将党性和人民性统一，必须充分认识到，党的执政之源是广大人民群众。中国的发展，党的发展，都必须坚持党性和人民性的统一，党性修养要立足人民群众，党要发展，必须紧密联系人民，依靠人民，充分发挥人民群众的力量，推动社会发展和历史进步。只有加强党性修养，才能践行全心全意为人民服务的宗旨。通过不断加强理论修养，保持与时俱进的精神状态，坚定党员的理想信念，在政治上保持清醒坚定，在精神上高尚光明。一个有坚定党性的党员，在高位时才能不忘初心、保持初心。只有认真学习党的各届全会精神，才有与时俱进的精神。只有不断加强理论学习，以科学理论指导每一项工作，才能为人民服务。党员通过加强党性修养，在工作中无私奉献，以身作则；解放思想，勇于创新，求真务实，脚踏实地做好每一项工作，兢兢业业，特别是在工作中遇到困难时要敢于面对，以身作则，勇于面对困难和挑战。习近平总书记指出："在全面从严治党的新形势下，全党同志一定要不断锤炼党性。"① 新时代加强党性修养是党应对复杂执政环境的需要。当今世界处于大变革时代，中西方多元文化冲突及其意识形态斗争愈发尖锐，影响和弱化党性修养的内外部因素日益复杂。对此，我们党已经深刻认识到，"受国际国内环境各种因素的影响，我们党面临的执政环境仍然是复杂的"，全面从严治党形势和任务更加艰巨、复杂，对党员党性提出前所未有的高要求。② 加强党性修养是刻不容缓的任务，是新的历史背景下对党员提出的要求，是党应对时代变化的必然要求。进入新时代，党员面临许多新情况。随着国情、党情、世界情势的不断变化，每一个党员都要站稳脚跟，增强党性，坚定理想信念，树立正确的世界观、人生观、价值观，淡泊名利，坚定信念，主动深入群众，想群众之所想，为群众解决实际困难，努力寻找解决方案，了解新情况和新问题，真正让群众满意。每个共产党员都要牢固树立为人民服务的宗旨，在日常工作中履行党员职责，树立全心全意为人民服务的思想，在工作中一切以人民利益为重。思想上认真学习各届全会精神，积极响应党中央号召，高度重视，认真贯彻党的群众路线，不仅在思想上要"补钙"，更要在实践中践行全心全意为人民服务的宗旨，理论与实践相结合，不断提高党性修养。无论身在何处，都要有人民公仆意识，要巩固群众阵地，增强服务宗旨意识，不断增进与群众的感情，拉近与群众的距离。每个党员要时刻牢记自己是一名共产党员，肩负重任；在工作中

---

① 习近平：《习近平关于严明党的纪律和规矩论述摘编》，中央文献出版社，2016，第8页。

② 李征征：《新时代加强党性修养的逻辑进路与实践路径》，《发展研究》2021年第6期，第3页。

加强党性修养，要始终牢记为党和人民服务的宗旨，扎实开展各项工作，主动完成各项工作。把人民的利益放在第一位，把人民的需要放在第一位，只有保持一颗公仆之心，才能全心全意为人民服务。党从成立的第一天起，就围绕群众开展了各项工作。党依靠群众的力量不断发展壮大。正是坚持为人民服务，中国共产党才能经历百年风雨，蓬勃发展。只有把全心全意为人民服务的信念牢记在心，才能立足岗位，全面践行党的群众路线。加强党性修养，立足全面贯彻群众路线，每位党员要深刻认识到这一点：把为人民服务的宗旨铭记在心，站在人民的立场上，一切为人民办事。每个党员要时刻牢记自己的身份，做到把群众路线作为生命线和根本工作路线，一切为人民，忠于人民，忠于党的事业，忠于共产主义信仰，决不辜负组织的信任和群众的期望。党员加强党性修养，要立足于全面贯彻群众路线，以实际行动践行"爱岗敬业、为人民服务"的宗旨。深入基层，了解群众的需要。只有站在群众的立场上思考问题，才能保证工作的科学性和成效。每一位党员都应具有严谨的工作态度、无私奉献的精神和高度的责任感。要以实际行动为人民服务，为社会服务。建立健全相关教育机制，是保证党员干部党性修养教育深入发展的关键。相关部门要不断开展党性修养教育，让党员干部树立为人民服务的宗旨，在全党形成良好的学风和教风。首先，要建立完善的管理和运行机制。通过制定符合党员干部实际需要的教育机制，多维度多层次地开展党性修养学习教育工作，不断强化党性修养，不断强化党员干部为人民服务的意识。其次，要建立健全激励机制。通过制定切实可行的目标，提供更多的学习机会，确保每一位党员干部都有平等的受教育机会，通过合理配置教育资源，充分利用多种学习平台，为深入开展党性修养教育工作营造良好的学习环境。

积极调动广大党员干部参与党性修养教育的积极性。在当前复杂的环境下，建立健全教育机制，才能坚定党员的党性，让其站在群众的立场上思考问题。通过建立健全教育机制，给党员提供更多的学习机会，每一个党员同志都要自觉地、不断地学习，不断提高党性，坚定自己的信念。只有坚定党性的党员才会不忘初心，只有坚定党性的党员才能自觉树立为人民服务的宗旨，得到群众的拥护。加强党性修养，是党员队伍建设的重要内容，也是保持党的先进性的必然要求。要增强党性，提高思想政治觉悟，党员要始终把人民的需要放在第一位，始终牢记全心全意为人民服务的根本宗旨。加强党性修养，要理论和实践相结合，立足于全面贯彻群众路线，牢固树立为人民服务的宗旨。通过建立健全教育机制，党员同志不断加强自我教育、自我改造、不断自我完善，全面提升服务能力，不断发挥工作主体性，全心全意为党和人民服务。同时，要不断强化领导干部法治思维的培养，良好的法律需要合适的人来正确地执行，好的法律的有力实施有赖于领导干部。领导干部如果缺乏法律思维，就不能正确贯彻法律；领导干部缺乏法治思维，就难以推进依法治国。领导干部法律思维缺失，会对社会和国家产生负面影响。因此，领导干部法治思维的培养是依法治国的必然要求，也是中国法治建设的内在要求。领导干部法治思想的培养，对社会、经济和国家建设都有着重要的影响。通过加强领导干部的法治思维培养，可以为法治国家建设提供坚实的后盾。

　　法治政府的政治职能的履行，与国家的长治久安密切相关，与中国式现代化进程的推进密切相关。一方面，通过加强党员党性修养，全面提升党员的服务能力；另一方面，要坚持在法治轨道上依法全面履行政府的政治职能，才能切实维护人民群众的切身利益和根本利益，才能维护和维持社会秩序，加快国家建设步伐，实现中华民族伟大复兴之梦。

（二）发挥法治政府经济职能

充分发挥法治政府经济职能，就应当转变政府职能、发挥政府职能，破除制约，充分发挥市场作用，让市场在资源分配中起决定性作用，围绕推动高质量发展、建设现代化经济体系，加强和完善政府经济调节、市场监管、社会管理、公共服务、生态环境保护职能，结合新的时代条件和实践要求，着力推进重点领域、关键环节的机构职能优化和调整，构建起职责明确、依法行政的政府治理体系，增强政府公信力和执行力，加快建设人民满意的服务型社会。[1]

要推进中国式现代化进程，实现中华民族伟大复兴，就要加快法治化进程，加快法治政府建设进程。充分发挥法治政府的经济职能。尤其是宏观调控和市场监管职能。宏观调控指的是国家综合运用经济、法律和行政手段对国民经济进行调节和控制，是政府对国民经济的总体管理。宏观调控的主要目的在于促进经济增长、稳定物价、保持国际收支平衡、增加就业等等。宏观调控这一政府职能，与国家的经济制度密切相关，更好地利用市场的力量来实现发展规划、投资管理、财政税收、金融等方面政策目标的实现。[2]

宏观调控责任的履行与我国的经济制度密切相关，尤其是发展社会主义市场经济体制，推进中国式现代化进程，政府需要依法进行宏观调控，更好地利用市场力量，实现发展、调控、引领、管理等方面政策目标的实现，推动有效市场和有为政府更好地结合，尤其是需要与时俱进制定并实施发展战略，更加

---

[1] 朱新力等：《中国法治政府建设：原理与实践》，江苏人民出版社，2019，第26页。
[2] 同上，第38-39页。

注重运用法律和制度进行宏观调控，对经济制度整体进行调节和把控。市场监管则是政府针对市场行为进行的管理，对市场秩序的整体维护。相较于宏观调控行为，市场监管的对象更为具体一些。履行市场监管职能主要包括市场主体准入控制和市场行为监管两个方面。[①]

法治政府应认真并依法全面履行宏观调控和市场监管职能。法治政府必须综合运用经济、法律和行政手段对国民经济进行调节和控制，对国民经济进行总体管理。通过宏观调控，不断促进经济增长、稳定物价、保持国际收支平衡、增加就业。在进行宏观调控的时候，要加强对市场的监管。

《法治政府建设实施纲要（2021—2025年）》规定了对于加强市场监管的具体措施：深入推进"放管服"改革分类。分级分类推进行政审批制度改革。依托全国一体化政务服务平台等渠道，全面推行审批服务"马上办、网上办、就近办、一次办、自助办"。坚决防止以备案、登记、行政确认、征求意见等方式变相设置行政许可事项。推行行事审批告知承诺制。大力归并减少各类资质资格许可事项，降低准入门槛。有序推进"政照分离"改革全覆盖，将更多涉企经营许可事项纳入改革。积极推进"一业一政"改革，探索实现"一证准营"、跨地互认通用。深化投资审批制度改革，推进投资领域行政执法监管，全面改善投资环境。持续优化法治化营商环境，紧紧围绕贯彻新发展理念，构建新发展格局，打造稳定、公平、透明、可预期的法治化营商环境。深入实施优化营商环境条例，及时总结各地优化营商环境可复制、可推广的经验做法，适时上升为法律法规制度，依法平等保护各种所有制企业产权和自主经营权，切实

---

① 朱新力等：《中国法治政府建设：原理与实践》，江苏人民出版社，2019，第39页。

防止滥用行政权力排除限制竞争行为，健全外商投资准入前国民待遇加负面清单管理制度，推动规则规制、管理标准等制度型开放。加强政企沟通在加强政企沟通，在制定、修改行政法规、规章、行政规范性文件过程中，充分听取企业和行业协会、商会意见。加强和改进反垄断与反不正当竞争执法，强化公平竞争审查制度刚性约束，及时清理废除妨碍统一市场和公平竞争的各种规定、合作法，推动形成统一开放、竞争有序、制度完备、治理完善的高标准市场体系。① 在宏观调控的背景下，逐渐放松对市场主体准入的控制，着力于对市场行为的事中及事后监管。

脱贫攻坚的胜利，离不开法治政府的有力保障，也是法治政府发挥经济职能的具体体现。脱贫攻坚是乡村振兴的前提和基础，乡村振兴是脱贫攻坚的巩固和提升，脱贫攻坚与乡村振兴有效衔接是全面建成小康社会和现代化进程中必经的阶段和重要内容。2018 年中央 1 号文件首次提出"做好实施乡村振兴战略与打好精准脱贫攻坚战有机衔接"工作，是时代赋予"三农"工作的重要命题。在实践过程中思想、产业、人才、政策等因素，制约脱贫攻坚与乡村振兴有机衔接的实现，想要更好地做好二者的衔接工作，为实现乡村振兴打好坚实基础，应探索从思想协同、产业协同、人才协同、政策协同等方面推进脱贫攻坚与乡村振兴的有机结合。消除贫困、改善民生、逐步实现共同富裕，是社会主义的本质要求，是中国共产党的重要使命。要坚决打赢脱贫攻坚战，确保所有贫困地区和贫困人口一道迈入全面小康社会。2017 年 11 月，党的十九大从新时代建设社会主义现代化强国、实现中华民族伟大复兴中国梦的战略

---

①中共中央、国务院印发：《法治政府建设实施纲要（2021—2025 年）》，人民出版社，2021，第 7 页。

要求出发，做出了"实施乡村振兴战略，加快推进农业农村现代化"的战略部署。目前，脱贫攻坚已完美收官，乡村振兴也在全面推动中，二者正处在融合推进的交汇关键期。2019 年政府工作报告强调，对标全面建成小康社会任务，扎实推进脱贫攻坚和乡村振兴，并要求加快农业农村优先发展，加快脱贫攻坚与乡村振兴统筹衔接。探究脱贫攻坚与乡村振兴有效衔接中的现实制约因素并及时提出应对策略，对提高乡村社会运行效率，提升乡村集体行动能力，增强村庄凝聚力与村民认同感，激发乡村内生发展动力具有现实的、积极的意义。党的十九大报告提出了实施乡村振兴战略，乡村振兴战略是新时代"三农"工作的总抓手。乡村振兴是全面建成中国特色社会主义强国的基础，坚持走中国特色乡村振兴之路，要求农业农村优先发展，按照产业兴旺、生态宜居、乡风文明、治理有效、生活富裕总要求，建立城乡融合发展体系，加快推进农村现代化。实施脱贫攻坚与乡村振兴是推进"两个一百年"奋斗目标的必然要求。2020 年，我国脱贫攻坚战取得全面胜利，9899 万农村贫困人口全部脱贫，832 个贫困县全部摘帽，12.8 万个贫困村全部出列，区域性整体贫困得到解决，我国脱贫攻坚实现完美收官。当前，正值脱贫攻坚与乡村振兴衔接交汇期。脱贫攻坚与乡村振兴从发展本质上来说，是不同发展时期的战略任务，两者相互独立，又互相紧密连接，各有侧重，要统筹协调好两者关系，做好有机衔接。乡村振兴战略的前提是要摆脱贫困。党的十八大以来，为了确保真正实现"两不愁三保障"，党和国家相继出台了一系列精准扶贫政策。一是脱贫攻坚为乡村振兴提供了基础发展条件。贫困地区的基础设施建设情况，事关贫困地区的经济发展，与贫困人口的收入息息相关。一直以来，恶劣的地理条件、基础设施发展薄弱、交通落后是影响贫困地区经济发展的重要因素。自党的十八大以来，党和国家通过出台一些系列精准帮扶措施，大力推进电力、水利、信息、交通等基础建设，以科教、文化、卫生等多个方面的民生工程，明显改善了农村贫困地区的基础条件，为乡村振兴提供了发展基础。二是产业扶贫为乡村振兴提供了产业发展基础。产业扶贫作为精准扶贫的重要措施，发展产业是实现脱贫的根本之策。制定因地制宜的产业发展策略，保障了农村地区的经济持续增长。扶贫车间作为产业扶贫的一个新发展模式，在全国范围内广泛运用，扶贫车间为农村贫困劳动力提供了本地就业机会，有效保障了贫困人口实现脱贫增收。[①]乡村振兴巩固了脱贫攻坚质量，脱贫攻坚完美收官，但贫困人口因社会、家庭、个人等因素抗风险能力低，极易返回贫困状态，为此，需要建立长效的脱贫攻坚机制来巩固脱贫成果。而乡村振兴战略正是确保脱贫攻坚质量的集中体现。一是乡村振兴能提升脱贫攻坚质量和巩固脱贫攻坚成果。"产业兴旺、生态宜居、乡风文明、治理有效、生活富裕"是乡村振兴战略的 20 字方针，从农业农村农民的方方面面进行全面规定，对脱贫攻坚各项成果进行了巩固和保障。二是乡村振兴是建立长效脱贫机制的体现，是实现可持续脱贫攻坚的基石。农村绝对贫困人口的消失并不意味着脱贫攻坚工作的结束，特别贫困户和边缘户在很长一段时间内，仍在贫困线上徘徊。一旦有天灾人祸情形发生，这些贫困人口又将跌入贫困深渊。建立长效的脱贫巩固机制，是防止和避免贫困人口出现返贫现象的有效方式。从脱贫攻坚与乡村振兴两者之间的关系来看，乡村振兴一系列措施为建立长效的脱贫攻坚机制发挥有效作用。党的十九大报告强调实施乡村振兴战略与打好脱贫攻坚战之间两

---

① 左停、刘文婧、李博：《梯度推进与优化升级：脱贫攻坚与乡村振兴有效衔接研究》，《华中农业大学学报》（社会科学版）2019 年第 5 期，第 21-28、165 页。

者相互统一，相辅相成。党的二十大报告又提出全面推进乡村振兴宏伟蓝图。脱贫攻坚的主要目标是保障贫困人口实现脱贫，而乡村振兴的最终目标是保障脱贫人口实现长久真正脱贫。当前，脱贫攻坚已经实现完美收官，乡村振兴正在开始，脱贫攻坚与乡村振兴之间的有机衔接是亟待解决的现实问题。党中央一直要求扶贫要扶志，要从思想上淡化贫困意识。思想扶贫是精准扶贫的重要措施之一，在精准扶贫战役中，一直坚持扶贫扶志扶智三结合，以此激发贫困人中内生动力。同理，乡村振兴作为巩固脱贫攻坚的重要抓手，乡村振兴从国家、社会、民众等层面在思想上的支持力度、参与力度均影响乡村振兴战略与脱贫攻坚战略的有机衔接，特别是在交汇时期，思想协同因素显得尤为重要。脱贫攻坚的完美收官，离不开产业脱贫的重要参与。乡村振兴的第一要素是"产业兴旺"，产业发展在脱贫攻坚与乡村振兴中均发挥着重要作用。在产业衔接上，应考虑以下三个因素：一是在产业资源上的选择。无论是脱贫攻坚还是乡村振兴，产业资源上的选择决定了市场竞争优势。对于贫困地区来说，资金、市场、人力、技术等等都处于劣势，仅有自然资源才是优势资源。在产业选择资源选择上，充分利用优势资源进行产业选择是脱贫攻坚与乡村振兴有机衔接的基础。二是政府在产业上的甄别。产业扶贫上的成败很大程度上取决于科学的产业选择，脱贫攻坚是以政府为主导实施的战略目标。"按照'有为政府'理论，政府一定不能作为产业发展的旁观者与不作为者，而应甄别产业的发展潜力，并因势利导支持产业发展。"[①] 产业甄别是政府推动脱贫攻坚与乡村振兴发展的关键，有产业甄别才能有市场发展前景，形成政策与市场合力，

---

① 朱海波、聂凤英：《深度贫困地区脱贫攻坚与乡村振兴有效衔接的逻辑与路径——产业发展的视角》，《南京农业大学学报》（社会科学版）2020 年第 3 期，第 15-25 页。

推动乡村振兴战略的实现。三是脱贫攻坚与乡村振兴都离不开人才因素，离不开人才发展战略。人才因素一直是脱贫攻坚中的制约因素，也是影响乡村振兴战略的重要因素。厘清人才问题，才能更好将脱贫攻坚与乡村振兴有机衔接，从人才上协同保障，才能更好地将脱贫攻坚中人的因素协同发展到乡村振兴战略中去。稳定乡村人才队伍发展，克服人才结构、数量瓶颈等人才协同发展中的制约因素。

　　脱贫攻坚与乡村振兴在政策衔接上，还未做到无缝衔接。脱贫攻坚和乡村振兴的目标有一定区别，在政策上有一定倾斜性。当脱贫问题攻克之后，应及时梳理过期政策，及时做好政策的废止、沿用。政策因素影响产业的选择、规划的安排、人才政策的实施等等。因此，在脱贫攻坚与乡村振兴的有机衔接中，政策的衔接因素也是重要因素。做好脱贫攻坚与乡村振兴之间的有效衔接工作是实现乡村振兴的基础和关键。要实现脱贫攻坚与乡村振兴有机衔接，必须协同发展诸多因素。在新的历史时期，脱贫攻坚为乡村振兴提供了基础条件，坚持乡村振兴引领脱贫攻坚就要求保持与脱贫扶志扶智思想同步，在思想上积极推进，协同推进，共同做好乡村振兴与脱贫攻坚有机衔接。一是树立科学政绩思想观。实施乡村振兴与脱贫攻坚有机衔接路径必须树立好政绩思想观，防止各级领导因好高骛远、不切实际而层层加码，赶进度，使乡村振兴成了"形式振兴"。二是树立系统协同思想观。从脱贫攻坚与乡村振兴二者之间的关系看，在发展顺序上、发展目标上本质是一致的。在推进脱贫攻坚与乡村振兴有机衔接时，应坚持思想协同，坚持上下一盘棋，通过脱贫攻坚促进乡村振兴。三是树立统领协同思想观。在脱贫攻坚与乡村振兴有机衔接机制中，应统领脱贫攻坚的各项工作内容，从乡村振兴战略的任务要求出发，从生活生产、生态环境、社会效益、政治文化等各个方面着手，整体推进二者之间的工作衔接，找准之间的契合，统领推进各项工作开展。

无论是实现脱贫攻坚还是实施乡村振兴，都离不开产业发展。因此，推进二者之间产业协同，才能提高乡村产业的核心竞争力，使乡村振兴真正做到精、特、强业态，推动二者之间可持续发展。一是协同发挥政府在产业发展中的主导作用。在农村地区要实现乡村振兴，必须支持产业发展，更要结合乡村地区的经济发展情况。政府在产业发展中，既要有所为，也要有所限。一方面加大乡村地区外源性支持，如政策、技术、龙头企业引进等；另一方面继续保持对乡村振兴战略政策资金的监督追责制度，发挥政府在产业发展中的重要地位。二是协同打造特色优势产业，继续发挥龙头企业的优势作用，实现产业品牌化。基于农村地区的自然资源条件，应继续发挥脱贫攻坚中龙头企业在优势特色产业中的地位，扶持有竞争力的农特产品，在精加工、深加工等农业配套产业上做大做强。三是协同推进产业市场化培育力度，持续推进产业振兴利益链接机制。不管是在脱贫攻坚中还是在乡村振兴中，应加大产业在市场化发展中的培育力度，依靠龙头企业、农村专业合作社、家庭农场等经营主体，协调推进产业市场化，提高农业产业组织效率，持续推进产业振兴利益衔接。

实施乡村振兴战略的重要因素之一即人才振兴战略，做好人才协同才能有效推进脱贫攻坚与乡村振兴有机衔接发展。做到人尽其才，综合考虑脱贫攻坚与乡村振兴中的人才因素做好协同发展。一是加大发展农村教育事业。教育是培育乡村人才的基础性工程，就乡村而言，经济滞后影响教育滞后，应保障农村地区对教育资源的投入，配备师资队伍丰富师资力量。二是培育新型职业农民。新型职业农民是脱贫攻坚与乡村振兴中的中坚力量，应重视他们在农村经济社会发展中的力量，加强新型职业农民培育，从制度建立、经费支持、培训制度及责任落实等方面建立起新型农民培育机制。三是加大本土人才培养力度。本土人才在脱贫攻坚中发挥着重要作用，应重视做好乡村振兴中的优势地位，建立本土人才选拔、培养、升迁机制，将脱贫攻坚中的本土人才有机衔接到乡村振兴中去。

政策协同是脱贫攻坚与乡村振兴有机衔接的关键因素，只有做好政策的衔接与延续，才能促进乡村振兴战略的真正实现。一是做好脱贫政策协同。研判现有脱贫政策，判断延续机制，保持脱贫攻坚政策的稳定性，保障脱贫攻坚顺利过渡到乡村振兴中。在做好政策协同时，应特别考虑监测贫困户与边缘贫困户的帮扶政策延续，留出缓冲期，避免缺少政策扶持而再次返贫。二是做好项目协同。脱贫攻坚离不开各项扶贫项目的实施，通过项目实施能进一步拉动产业发展，加大基础设施建设。实施乡村振兴战略，同样离不开将二者项目有机结合。因此，应在项目规划、实施上，协同推进上做到有机发展，将脱贫攻坚项目与乡村振兴项目有机衔接，在项目库上合并统一管理。在新实施项目上，应考虑衔接时期的特性，做好项目的延续。

脱贫攻坚战取得的全面胜利离不开法治政府的建设，法治政府的有力指导，是脱贫攻坚与乡村振兴有机衔接的关键因素，要以法治政府的建设保障乡村振兴战略的真正实现。

（三）落实法治政府社会治理职能

社会主义法治政府履行社会治理职能的关键是创新社会治理体系和创新各项机制，以法治化机制培育和规范社会组织。在法治政府的引领下，切实发挥社会组织的社会管理职能，让更多基层单位组织和广大人民群众广泛参与社会管理。中国地大物博，幅员辽阔，地区之间的发展也不平衡，各地区的自然资源、社会资源、经济发展存在较大的差异。基于此，应在社会公平正义理念的指导下，通过落实法治政府社会治理职能，通过政策、法律手段、税收等调节机制，依法实现各地区的平衡发展。公共安全体系建设是重点，尤其是与人民群众息息相关的重点安全领域，如食品药物、公共卫生等涉及国计民生的领域，加大关系群众切身利益的重点领域执法司法力度，让天更蓝、水更清、空气更清新、食品更安全、交通更顺畅、社会更和谐有序。对食品药品等领域的重大安全问题，不能每次一出事就处理几个人，罚点款了结。要拿出治本措施，对违法者用重典，使从业者不敢、不愿、不想违法，用法治维护好人民群众生命安全和身体健康。①

《法治政府建设实施纲要（2021—2025 年）》明确提出，加大重点领域执法力度。加大食品药品、公共安全、自然资源、生态环境、安全生产、劳动保障、城市管理、交通运输、金融服务、教育培训等关系群众切身利益的重点领域执法力度。以食品安全为例，这一重点领域的行政执法力度体现出行政执法体制机制的保障作用。

随着信息时代的来临，食品质量安全问题也进入大众视野，食品质量安全不仅直接影响人民群众的健康，同时关系政府的公信力和国家形象。随着改革开放的深入、计算机的普及、互联网的高度发展、公民法律意识的提高，中国的食品质量安全问题已成为百姓关心、社会关注、媒体聚焦、各级人民政府都高度重视的社会问题。社会上有不少食品质量安全事件，不但严重影响了民众的身体健康、生命安全，造成巨大的财产损失，

---

① 中共中央宣传部、中央全面依法治国委员会办公室：《习近平法治思想学习纲要》，人民出版社、学习出版社，2021，第35页。

影响中国的经济发展和社会稳定，而且严重困扰了中国的民生幸福，影响政府的公信力和国家形象。"政以民为本，民以食为天，食以安为先。"① 食物提供人们日常工作、学习、生活最基本的需要，人们的一日三餐必不可少，因此公众对食品质量安全问题的关注度极高。食品一旦出了问题，将直接影响到每个人的身体健康甚至生命安全。食品质量安全，与社会主义市场和人民群众生活紧密相连。经济的发展是为了人们的生活更加幸福，而食品质量安全是人们安居乐业、追求幸福生活的根本。食品质量安全事件有可能引发信任危机，也会对社会诚信体系带来影响，进而导致社会不稳定，导致国家不稳定，人民生活不幸福。当今社会是信息爆炸的社会，牵一发而动全身，全社会和公民都对食品质量安全高度关注，食品质量安全监管一旦不及时或者出现漏洞，很容易出现"小事变成大事，大事惊动全社会"，由此可见，强化监管是极其重要的。食品质量安全问题不仅影响政府公信力，而且影响国家形象。食品质量安全事件频发的原因很多，除生产经营者的道德缺失外，从行政法的角度而言，主要有食品质量安全监管体制不健全、监管缺位无序、监管"事后诸葛亮"以及监管不透明四个方面的因素：

　　一是食品质量安全监管体制不健全。我国食品质量安全的监管体制是在各级人民政府统一领导下，从农田到餐桌食品链的多环节由各监管部门按照职责分工分段监督管理的监管体制。食品质量安全监管机构设置不合理，职责不明确，重复执法、重复抽检等现象较为突出，部门之间难以形成合力，导致监管责任难以落实，甚至出现"监管推诿"现象，导致许多监管部门往往看重利益，有利抢着管，无利都不管。可见，监管

---

① 语出《元史·食货志》。

体制不健全是导致食品质量安全问题频发的原因之一。

二是监管缺位无序。监管缺位无序是导致食品质量安全问题频发的又一原因。

三是监管"事后诸葛亮"。食品在生产前、生产中及生产后直至进入市场后不做任何监管，一旦出了食品安全问题才介入。

四是监管的不透明性。根据《中华人民共和国政府信息公开条例》和《中华人民共和国食品质量安全法》规定，涉及食品质量安全及监管等相关信息须主动向社会公开。但是，《法治蓝皮书》的数据显示，在食品质量安全执法方面，调查的43个地方城市中，能够公布信息的有31个，占比为72%；而质监、工商和食品等监管部门公开食品质量安全监督检查方面信息的仅占70%。监管的不透明性，导致食品质量安全监管部门少了来自外部的监督，这是导致监管乏力的重要原因。

食品质量安全一直是公众普遍关切的问题，因此，为加强食品质量安全监管，促进食品产业健康发展，满足人民群众的美好生活需要，可从以下几个方面有序立体推进：

一是完善食品质量安全法律体系。目前，国家宏观层面的法律法规和标准相对来说是比较完善的，2009年颁布、2015年修订的《食品质量安全法》进一步完善了我国的食品质量安全法律体系，彰显了国家进一步强化食品质量安全监管的决心和信心。但一部法律不可能一揽子解决所有的食品质量安全问题，必须完善以《中华人民共和国食品质量安全法》为主、其他相关法规配套的食品质量安全法律体系。按照从农田到餐桌全过程，清理对同一问题的重复与冲突规定，出台包括食品质量安全技术规章和标准要求在内的食品质量安全法律制度，逐步形成具有中国特色又与国际接轨的食品质量安全法律体系。

二是建立健全食品监管机制。我国实行的"以分段管理为主，产品管理为辅"的监管体制有待进一步提升。世界卫生组织指出，食品质量安全必须"从田间到餐桌"整个链条实行全过程监管。我国农业、质监、卫生、食监、工商等多部门对不同阶段的食品质量安全进行监管，这种监管体制看似分段清晰、责任分明，但运行起来难免产生条块分割、信息沟通不畅、互相推诿等弊端。而要从根源处变革食品监管体系和制度，应在国家法律法规的授权范围内，统合各种监管资源，明确监管职能，精简监管环节，扩大监管范围，创制并完善综合性食品质量安全监管机构模式。

三是要完善依法行政的程序，在监管工作中，根据实践需求，不断摸索新的工作方法和工作程序，总结成功的工作经验和方法是食品质量安全监管部门义不容辞的任务。同时，完善依法行政程序，坚决做到违法必究，严厉打击制售假劣食品违法犯罪行为，避免监管的盲区，为群众办好事、办实事。其次，坚持依法行政，规范行为，提高执法人员素质，不办人情案、特殊案。同时，全面规范食品生产经营单位，确保食品产业经济的健康发展，促进国民经济全面均衡可持续发展。总之，只有不断推进依法行政，才能维护群众的利益，确保全体公民的饮食安全，营造和谐稳定的社会环境。

四是要提升监管透明度。监管的力度越大，信息公开化越大，则监督的透明度更强，加强监管，会有效限制公权力的肆行。信息的透明与公开可以保证公众的知情权，从而最大限度减少监管失灵的风险。在解决公众对食品质量安全的信赖方面，首先要让消费者对食品质量安全有信心，而消费者的信心取决于对监管机构实施食品控制过程的认知程度及信任程度。因此，食品质量安全行政监管机构根据实际，要加强监管执法程序，及时公开执行中的各种信息，使公众对执法监督机关产生信赖和心理认同。

　　五是要实行监管首问制和问责制。从中国当前已经发生的食品质量安全事件来看，不少食品质量安全事故是失职或渎职等原因造成的。因此，实行监管首问制和问责制是一个有效的手段。不管是不是实质上归首问的监管部门管理，只要是被消费者或第三方告知的第一个部门，有责过问，并及时联系实质监管部门，做好配合协助工作。同时对食品质量安全事件之后的责任追究应加大力度。因此，对违反法定程序、不履行法定职责的行为必须严格追究相关人员责任。从已经发生的食品质量安全事件看，相关部门对相关企业的司法追责及时到位，但对失职、渎职的监管者的司法问责却远远未到位。虽然部分人员在已曝光的食品质量安全事件中存在失职、渎职等行为，但因为相关法律法规不够健全，且食品质量安全问题一旦发生，各个监管部门又互相推卸责任，将责任推向生产者和销售者，最后导致消费者也忽视各个监管部门及其工作人员的失职行为。

　　食品质量安全问题与每个人的生活紧密相连。在食品监管工作中，监管部门必须要坚持依法行政，强化依法行政措施，推进监管工作制度化，探索符合我国国情的食品质量安全监管机制，不断增强食品监管工作的透明度和开放性。习近平总书记曾对食品质量安全工作做出重要指示，提出要坚持"最严谨的标准、最严格的监管、最严厉的处罚、最严肃的问责"。[1] 食品质量安全是人类健康的永恒主题，考验的是生产者和销售者的道德良知，叩问的是中国法治体系的健全与否，更是对执法部门和执法者的莫大考验。加强法治政府建设，守卫食品质量

---

　　[1] 朱磊：《四个"最严"守护百姓舌尖安全》，《经济日报》2017 年 01 月 06 日，第 05 版。

安全，依然任重而道远。

当今世界正经历百年未有之大变局，我国也正处于实现中华民族伟大复兴的关键时期，处于中国式现代化进程中的关键时期，全面依法落实法治政府社会治理职能的作用更加重大。因此，应坚定不移地在党的坚强领导下，坚持依法进行社会治理，抵御风险，克服阻力，解决矛盾。当前，国内外形势严峻复杂，我们面临的风险挑战更加严峻，必须坚持和完善中国特色社会主义制度，推进国家治理体系和治理能力现代化，全面落实政治社会治理职能，运用制度应对风险挑战的冲击。

（四）完善法治政府公共服务职能

公共服务职能指除政、政治、经济、文化职能以外，政府必须承担的其他职能。要完善法治政府公共服务职能，需要建立在一定的社会共识基础上，以法治化途径与社会经济发展水平相适应，保障全体人民群众能够获得生存和发展基本需求的各项公共服务职能

政府履行公共服务职能，一个重要的原则是基本公共服务均等化，也就是全体公民都能公平地获得大致均等的基本公共服务，其核心是机会均等，而不是简单的平均化和无差异化。[①]公共服务包含的领域非常广泛，包括教育、文化、就业、交通、医疗卫生等方方面面，和广大人民群众切身利益紧密相连。法治政府应当大力促进教育、卫生、文化等公共社会事业健康发展，建立健全社会公共服务制度。推进公共服务的多元化方式，强化公共服务的质量监管，创建可持续发展的基本公共服务体系，政府主导、社会与政府与社会组织合作的模式，使基本公

---

① 朱新力等：《中国法治政府建设：原理与实践》，江苏人民出版社，2019，第43页。

共服务标准化、均等化与法定化。

人民群众反映的办事慢、办事难等现实问题依然不同程度存在。因此，法治政府应与时俱进，通过数据和网络平台推动数字化法治政府建设，不断完善政府的公共服务职能。《法治政府建设实施纲要（2021—2025 年）》指出，健全法治政府建设科技保障体系，全面建设数字法治政府，坚持运用互联网、大数据、人工智能等技术手段促进依法行政，着力实现政府治理信息化与法治化深度融合，优化革新政府治理流程和方式，大力提升法治政府建设数字化水平。[1]

首先，要加快推进信息化平台建设，同时适当保留传统公共服务职能，以满足不同层次人民群众的需求，尤其是老年人等相关弱势群体。例如火车站网络平台购票，同时应保留传统售票站点。在推进信息化平台建设中，要注意中西部、沿海城市之间的不平衡，分级分类推进。其次，通过推进新型智慧城市建设，加快推进政务数据有序共享，通过数据共享形成高效运行的工作机制，构建全国一体化政务大数据体系，整合优化政务信息系统，在充分运用互联网、大数据、人工智能等技术手段的基础上，推动民生保障、公共服务。

（五）强化法治政府生态职能

习近平总书记在党的二十大报告中指出："大自然是人类赖以生存发展的基本条件。尊重自然、顺其自然、保护自然，是全面建设社会主义现代化国家的内在要求。必须牢固树立和践行绿水青山就是金山银山的理念，站在人与自然和谐共生的高

---

[1] 中共中央、国务院印发：《法治政府建设实施纲要（2021—2025 年）》，人民出版社，2021，第 21 页。

度谋划发展。"① 习近平总书记提出的"绿水青山就是金山银山"的科学论断和发展理念，是对可持续发展道路的理论化扩展，也是习近平生态文明思想体系的核心内容。这是以人民为中心，从人民群众的权益出发，不断满足人民日益增长的美好生活需要的基础。随着中国式现代化进程的不断推进，随着时代的发展和人民生活质量的不断提高，政府生态责任的重要性日益凸显。

法治政府在履行生态责任的时候，要建立健全生态环境基本制度，制定国家生态环境相关政策制度，组织实施相关法规和规章，统筹协调重大生态环境问题并依法监督和管理。尤其是与人民群众切身利益紧密相关的环境污染事故、生态破坏事件的调查处理，政府应有所担当，牵头指导并严格落实生态环境损害赔偿制度，协调解决跨区域环境污染纠纷，确保绿水长流、青山常在。

法治政府应从中国国情出发，监督管理生态环境监测工作，组织实施生态环境质量监测。建立生态环境监测网，积极应对气候变化工作，认真开展生态环境保护督察工作。政府要加强生态环境监督执法力度，定期在全国开展生态环境保护执法检查活动，加大对生态环境违法问题的处理力度。同时，还要落实好生态环境宣传教育工作，让公众了解并熟悉与生态环境保护相关的法律制度，加大生态环境宣传教育工作力度。

---

① 习近平：《高举中国特色社会主义伟大旗帜　为全面建设社会主义现代化国家而团结奋斗——在中国共产党第二十次全国代表大会上的报告（2022年10月16日），人民出版社，2022，第49-50页。

五、孕文化：加强社会主义法治文化建设

　　法治是实现国家有效治理的依托，法治文化是中国特色社会主义文化的重要组成部分，法治文化建设是推进全面依法治国的内生动力。法治文化建设也能够促进法治政府和法治国家的建设。法治文化具有特定的国家属性，善治语境下，必须重视法治文化的培育与建设，厘清法治文化建设内在逻辑，分析法治文化建设制约因素，从善治语境探讨法治文化建设路径，保障法治国家的可持续发展。

（一）社会主义法治文化解读

　　中国特色社会主义进入新时代的关键时刻，应当坚持和完善中国特色社会主义法治体系，提高党依法治国、依法执政的能力。社会主义法治文化建设是法治中国建设的重要组成部分。从善治语境探讨法治文化建设路径，有利于提升国家治理能力与治理水平，保障法治国家的可持续性发展。社会主义法治文化是法治文化在国家层面的解读。张文显教授认为法治文化是法治的精神构成，把内涵于法治概念、法治观念、法治思维、法治理论、法治价值、法治习惯中的核心要素凝练出来，揭示的就是法治的文化内涵。[①] 李林教授将法治文化分为三个层面，即作为精神文明成果的法治文化、作为制度文明成果的法治文

---

　　① 张文显：《法治的文化内涵——法治中国的文化建构》，《吉林大学社会科学学报》2015年第4期，第5页。

化、作为社会行为方式的法治文化。① 刘卓红教授认为社会主义法治文化建设是法治中国建设的重要组成部分，坚持法律制度的强制力与法治文化柔性相糅合，形成制度优势和建设合力，从而更好助力新时代中国特色社会主义法治建设。②综上所述。不同专家学者从不同的角度对法治文化的内涵进行了解读，其共同点是，社会主义法治文化是以特定的社会主义国家为基础，是一种国家层面的法治文化。社会主义法治文化是培育和践行社会主义核心价值观的重要内容，是公民对法律生活所持有的以价值观为核心的思维方式和行为方式，包括法治意识、法治观念、法治思想、法治法律、价值取向等内容。③ 中国特色社会主义的根本性质决定了法治建设的基本任务与目标，法治文化作为国家法治的软实力，以社会主义先进文化为前提，体现出社会主义先进文化的内在要求。

　　不同于西方语境下的法治文化概念，社会主义法治文化是中国善治语境下的概念。善治语境下，社会主义法治文化建设必须坚持党的领导、人民当家作主、依法治国的有机统一。中国共产党的领导是中国特色社会主义最本质、最重要的特征，也是中国特色社会主义法治建设最根本的特征。因此，要实现善治，必须坚持党的领导，坚持人民当家作主、坚持依法治国。善治与社会主义法治文化建设紧密相连，善治为法治文化建设提供良好的条件，反之，法治文化建设是中国特色社会主义文化建设的重要内容，是文化层面的凝结，能够不断促进善治。

---

　　① 李林：《中国语境下的文化与法治文化概念》，《中国党政干部论坛》2012 年第 6 期，第 13-14 页。

　　② 刘卓红、张堃：《以社会主义核心价值观引领新时代中国特色社会主义法治文化建设》，《马克思主义理论学科研究》2020 年第 4 期，第 89 页。

　　③ 李志强、何忠国：《以法治文化引领法治建设》，《红旗文稿》2013 年第 7 期，第 17 页。

中国在现代化进程中选择了法治之路。在向法治目标迈进的过程中，法治文化建设起着重要的推动作用。文化作为一个国家和民族的灵魂，对国家的兴衰起着重要的作用。中国特色社会主义法治文化，是中国特色社会主义文化的重要组成部分，也是促进国家兴盛的内在因素。法治文化建设是依法治国的内在要求，也是社会主义核心价值观培育和践行的保障。依法治国与社会主义法治文化建设密不可分，依法治国为社会主义法治文化建设提供良好的环境。法治文化建设又推动依法治国进程，二者有机统一于中国法治现代化进程中。

社会主义核心价值观引领中国法治文化建设，是中国国情所决定。中国是人民当家作主的社会主义国家，以社会主义核心价值观的践行促进法治文化建设，体现了中国特色社会主义法治建设的核心优势。促进中国法治现代化进程，将社会主义核心价值观融入法治文化建设体系，能够发展法治文化，增强人民的法治意识，形成强大内化的法治信仰，有利于推动善治，实现法治中国。社会主义核心价值观具有鲜明的中国特色，是中国法治建设的核心引领。把社会主义核心价值观融入法治文化建设中，是时代的必然选择，也是中国坚持走社会主义法治道路的内在要求。

社会主义核心价值观作为主流文化，集中体现了社会主义中国的价值诉求。社会主义核心价值观是中国特色社会主义法治文化建设的灵魂。国家层面倡导的价值观包括富强、民主、文明、和谐，这四者体现出法治国家建设的目标与愿景。社会主义核心价值观融入法治文化建设，能够培养民众的法治意识，提供主流价值引领，为法治文化建设奠定坚实的基础。将社会主义核心价值观融入法治文化建设中，体现出法治与德治的有机结合，有助于促进善治，有助于更好地实现法治国家的建设目标。

（二）加强社会主义法治文化建设

社会主义法治文化建设的重要内容，就是弘扬社会主义法治精神。善治要求好的法律必须内化为公民的内心自觉，才能真正为民所用。只有人民认可的法治内化于心，才能成为坚定的信念。良好的法治文化需要通过大力弘扬，才能形成广泛的影响力、凝聚力。通过现代化、多渠道手段传播弘扬社会主义法治精神，能够最大范围凝聚社会共识，不断推进法治国家的建设进程。

法治文化人才队伍不仅是法治文化建设的中坚力量，也是善治建设的重要力量。作为国家治理体系的人才支撑，法治文化人才队伍建设起着重要的作用。一方面，要强化党员领导干部示范引领作用，从思想、作风、素质、能力等方面建设人才队伍，尤其是要培养理论水平高的党员领导干部团队。另一方面，要重视高校法治文化教育队伍的建设工作。青年是否有使命感，是否有担当，是否有法治思维，决定着国家未来的发展之路，所谓少年强则国强，高校师生肩负着弘扬法治精神、研究法治理论等多项重要的时代使命，在法治文化人才队伍建设中具有特殊地位和作用。同时，更要重视党校的作用，发挥党校的先锋堡垒作用，在党校课程中团结引领广大党员干部坚定理想信念，坚定文化自信，为法治文化实践提供智力支持。

立足于中国式现代化的中国法治语境，探究法律文化建设，能够指导国家的法律制度建设不断走向完善。法学理论体系的完备性、科学性、时代性，决定着全面推进依法治国的深度和法治政府建设的力度。新时代语境下探究法律文化建设路径，具有重要的现实意义。法律文化深刻影响社会发展进程，法律文化具有普适性。马海兰指出："法律文化与法治文化都是社会文化的一部分，法治文化属于先进的法律文化。"陈仲指出："法律文化是法治文化得以发展的前提，而法治文化则是法律文化发展到一定阶段的产物。"先进的法律文化对法治现代化建设具有正确的推动作用。落后的法律文化会产生消极阻碍作用。中国受到几千年的封建法律文化影响，在现代化的法治建设进程中，封建法律文化消极阻碍作用仍时时可见。中国法治秩序的构建，必然要求传统法律文化走向现代化。新时代加强法律文化建设、实现法律文化的创新，是时代的要求。只有摆脱传统法律文化的束缚，创新法律文化，才能促进中国法治文化建设进程，从而促进法治国家建设进程。法治代表一种理性的社会治理方式。陈弘毅认为："沟通理性的体现，人们在自由开放的、不受权力压制的情况下，诚意地进行讨论协商，互相交换意见，尊重并全心全意地尝试了解对方的观点，大家都遵守以理服人原则，摆事实，讲道理，唯理是从，不固执己见，从善如流，以达成共同的认识（共识），并根据此共识来治理社会，或以此共识作为有关社会政策或安排的基础。"李思源指出："中国在历史发展过程中已经形成了较为丰富的法律文化，并为当前的法律文化建设提供了重要的支持。但是传统的法律文化主要是在封建社会的条件下逐渐形成的，具有鲜明的农业社会特征。"①

　　中国式现代化语境下，现代法律文化建设受到政治、经济、社会等因素的制约。加强现代法律文化建设，就需要从政治、经济等方面提出根本要求。政治上，要强化制度建设；经济上，要不断完善社会主义市场经济体制，为法律文化建设提供重要

---

① 李思源：《中国法治语境下的法律文化》，《智库时代》2017 年第 7 期，第 1 页。

的物质保障。加强政治制度建设，完善市场经济体制，加强文化立国战略，通过文化立国、文化强国，树立文化自觉，树立文化自信，这是法律文化建设的根本要求。在我国，依法治国是治国的基本方略，维持社会秩序、保障社会长治久安是其基本价值追求。在此基础上，以正义和人权为基础的秩序要得到维护，就必须加强法律文化建设，这也是开创我国法律良性化新局面的必然要求。

传承与创新，构建以传统文化为根基的法律文化，是中国式现代化的要求，是法律文化创新的必由之路。要实现法律文化创新，就要继承传统法律文化精髓。中国几千年的法律文化沉淀，必然有其合理的精华。我们要根据时代的新要求，传承中国传统法律文化的精髓。传承传统法律文化中的"信""和谐思想""礼"。这些思想对我们建设和谐法治社会具有重要的促进作用。学者费孝通先生在《乡土中国》中提出"礼治社会"和"礼治秩序"，正是对传统法律文化继承的阐释。对接现代化，通过传承与创新，建构以传统为根基的法律文化，对社会可持续发展将起到巨大的引导和保障作用。通过传承与创新，体现法律文化的理性、效率、民主和秩序。

推进社会主义经济与政治体制改革是中国式现代化的必然要求，是社会主义法律文化建设的助推力。要促进我国法律文化建设，制度建设是原动力。积极实现经济、政治制度现代化，能够有效推动法律文化建设进度。加强制度建设的关键在于充分认识加强制度建设的重要意义，不断提升制度执行力；不断完善制度建设，使制度具有针对性，可操作性强；完善监督制约机制，充分发挥监督制约机制的作用，有效实施监督，全面落实执行制度；同时，不断加强组织领导，增强贯彻执行制度的推动力，切实推进法律文化建设进程。

　　培养公民法律意识，树立公民法律信仰，加大推进普法工作力度。培养公民法律意识，对法律文化建设将起到指引和保障作用。让公民以权利主体和义务主体双重身份介入法律活动中，能够为法治国家建设创造一个良好的法治社会环境。树立公民法律信仰，促进公民法律观念的更新，使普通公民的法律意识不断提升，让普通公民更加容易接受法律规范和制约。不断推进普法工作进程，在新时代背景下，要充分利用科学技术，充分运用高科技开展普法教育工作。当前，科学技术对法律的影响深刻而广泛，科技发展能够促进公民法律观念的更新和法律方法的扩展。加强法律文化建设，就需要结合时代背景和时代要求，树立全民法律信念，不断培植公民法治思想。加强法律文化建设，能够促进法治国家建设进程，能够全面推进依法治国，科学建构中国法治社会进程，建设以宪法为核心的社会主义法治国家。加强法律文化建设，以正义为核心，以秩序平等为基础，以利益为归属，促进权力资源优化组合，实现权力制约权力。依法治国的实质是良法善治。良法的形成，与法律文化建设进程密切相关。法治包含两重要含义，其一，已经成立的法律获得普遍的服从，其二，大家服从的法律本身是制定得良好的法律。良法的形成，依赖于法律文化的建设。通过法律文化建设，制定符合时代发展的良法。法与时移，法律顺应民心，保障公民权利，这样的良法能够体现和保障公民利益，维护公民合法权益，促进法治国家建设进程。依法治国即良法治国，良法治国的关键是法律文化的建设。加强法律文化建设，促进依法治国，全面建设社会主义法治国家，是社会文明进步的重要标志，是国家长治久安的重要保障。

　　新时代背景下，应加强中国法律文化建设进程。法律文化建设是法治国家建设的催化剂，能够推动法治国家建设进程。

社会正义的根本要求和基本精神，就是保障公民的权利，全面实现人民当家作主，这就需要法治建设为保障。换言之，只有加强法律文化建设，推进法治国家和法治政府建设，依法治国，建设社会主义法治国家，才能开创中国式现代化新局面。依法治国是党领导人民治理国家的基本方略，建设社会主义法治国家，必须从制度上和法律上保证党的基本路线和基本纲领的贯彻实施。加强法律文化建设，不断丰富法治文化，构建中国特色法律文化，为中国式现代化和法治政府建设注入新的能量。

善治兴则国家强。法治文化建设对推进善治具有重要意义。实践证明，具有中国特色的社会主义法治文化建设，符合当代国情，符合人民最根本利益，行之有效。在党的领导下，将社会主义核心价值观融入法治文化建设中，能够不断推进善治，实现法治，保障国家治理体系。党的领导逐渐走向法治，加强法治思维的培养是法治国家建设的坚强后盾。不断推进社会主义法治文化建设，全面增强人民的用法意识和能力，积极营造促进法治文化发展的社会环境，促进法治国家建设，促进法治政府建设，加快中国式现代化进程。

（三）发挥党校在法治文化建设中的作用

党校是干部教育培训的主阵地。中国共产党创办中央党校和各级地方党校，就是为人民事业培养骨干力量。在社会主义建设时期，各级党校与党的事业同频共振、按需施训，教育培训了一批又一批领导干部，肩负起为党育才的神圣职责，推动党的事业从胜利走向新的胜利。党校事业的兴衰与国家命运紧密相连。党校不同于一般的教育培训机构，党校的任务是通过有计划的培训，提高党员干部运用马克思主义思想、毛泽东思想、邓小平理论、习近平新时代中国特色社会主义思想的立场、观点处理问题的能力。党校通过培训教育党员干部，提高党员的党性，提高党员干部的法治意识、政治思想观念和科学文化水平，发挥党员干部的先锋示范带头作用。除了培养党员干部，党校还肩负着党的理论建设任务等。

法治政府建设背景下，中国式现代化道路语境下，党校责任重大、责无旁贷。党校肩负着更加重要的任务，培养具有法治思维和法律意识的领导干部，培养有担当的高素质干部队伍，为党团结带领人民开创社会主义事业发展新局面提供有力的人才支撑。党校肩负着时代的重任，通过为党培养党员干部，为中国式现代化进程添砖加瓦；通过传播马克思主义真理，不断提升党员干部的理论修养和综合素质。治国理政，人才是最重要的因素。党校就是为党培育人才，为党献策。党校作为领导干部培训的主要阵地。应保持强国兴邦的初心，为全面建设社会主义现代化国家，推进中国式现代化进程，推进法治政府建设，履行党校的职责和使命。

党校在促进法治文化建设进程中，要坚持党的领导，发挥党校主阵地的作用。明确办学方向，明确党校作为党员干部训练的熔炉，作为党的思想理论宣传和宣讲阵地的重要性，应以党的使命为使命，在中国式现代化进程和法治政府建设伟大工程中为党和国家工作大局服务。党校要充分发挥党校主阵地的作用，与党和国家的方针政策保持一致，不断加强思想理论阵地建设工作。及时宣传党中央相关重大精神和重要决策部署，深化党员干部对中国特色社会主义理论体系的理解，保证党校办学方向。法治文化的建设依赖于党校对党员干部党性教育的培养，通过党性教育保持共产党人的本色，始终走在时代的前列。在中国式现代化语境下，要始终保持党员干部的纯洁性，把党性作为党员干部立身立德的基石。

在中国式现代化进程中，充分发挥各级党校的作用，培养党员干部的法治意识。加强党性修养，保持党员干部的政治本色。党校要不断提升党员干部的思想政治理念，通过系统性的培训，使党员干部提高思想认识。党员干部的思想理念决定着党员干部的施政举措，通过党校的系统学习，培养党员干部的法治思想和法律意识，使党员干部在行政决策中能够与党的执政方针有机结合起来，从而做到执政为民、执政创新，不断提升执政能力，有助于法治政府建设，有助于中国式现代化进程。党校作为党员干部学习党的相关理论和党的重要决策的重要阵地，在推进党的建设和党员干部队伍建设中起着重要的作用。作为党员干部进行党性锻炼的熔炉，党校在中国式现代化进程中，在法治政府建设中，在法治文化建设中起着重要的作用。因此，党校应该更好地发挥阵地作用，为党员干部提供一个学习的平台，为国家培养优秀人才。

党校是理论研究的主要阵地。因此，党校应当结合法治政府建设实际和中国式现代化进程的大背景，在新的形势下加强党的思想政治建设。党校应当切实履行自己相关的职能，利用党校独特的资源优势，将教育活动融入科研和行政管理之中，发挥好政策咨询、舆论引导、宣传等重要作用。通过强化阵地意识，认真学习贯彻习近平总书记重要讲话精神，重视党的理论建设相关研究工作，尤其是中国特色社会主义理论体系、法治文化建设等重大理论观点，引导广大党员干部认真学习贯彻执行相关精神实质。通过党的最新理论成果武装党员干部，指导实践。党校应当把法治文化建设相关的理论、政策宣讲到党员干部当中，增强党员干部的理想信念，提高党员干部的思想政治水平。突出抓好党的理论教育，尤其是通过多种形式的教学活动，帮助党员干部保持理论的清醒和政治上的坚定。党校深入推进理论教学，有助于加强法治专门队伍和法律服务队伍的建设，有助于法治政府建设，有助于法治文化建设，有助于让学习教育活动深入人心，取得真正的实效。

习近平总书记提出："坚守党校初心，就必须始终自觉服务好党和国家工作大局，围绕中心、服务大局，是党校事业必须始终坚持的政治站位，是践行党校初心的必然要求。党校不是一般的学校，而是党的学校，是党的重要职能部门，必须始终坚持以党的旗帜为旗帜、以党的意志为意志、以党的使命为使命，自觉在党的新的伟大事业和党的建设新的伟大工程中精准定位，自觉为党和国家工作大局服务。"①党的二十大明确了新时代新征程党的中心任务，即全面建成社会主义现代化强国、实现第二个百年奋斗目标，以中国式现代化全面推进中华民族伟大复兴。这是一项伟大而艰巨的事业，对党校事业提出了新的更高要求，开辟了更加广阔的天地。各级党校要胸怀"国之大者"、党之大计，不断提高政治判断力、政治领悟力、政治执行力，自觉把党校工作放到党和国家工作大局和党的建设全局中来精准定位、科学谋划，紧紧围绕实现党在新时代新征程的中心任务尽好职责、发挥优势。必须坚持正确办学方向，始终坚持党校姓党，坚持党性原则，自觉服从服务于党的政治路线，严守党的政治纪律和政治规矩，坚持在党爱党、在党言党、在党忧党、在党为党，增强"四个意识"、坚定"四个自信"、做到"两个维护"，在思想上政治上行动上自觉同党中央保持高度一致。必须坚持聚焦党的中心任务，找准党校工作与党的中心任务的结合点、切入点、着力点，紧扣党之所需、发挥自身优势，做到党需要什么样的干部，党校就培养什么样的干部；党

---

① 习近平：《在中央党校建校 90 周年庆祝大会暨 2023 年春季学期开学典礼上的讲话》，《求是》2023 年第 07 期，第 4 页。

需要研究解决什么重大问题，党校就努力在哪些方面建言献策。必须坚持教研与实践相贯通，畅通教学科研对接经济社会发展实践的渠道，推动党校教研人员深入一线实践，在接触实际、参与实践中打开视野、充实头脑、丰富经验，为培养高素质干部、推出高质量研究成果提供有力支撑。①

　　党校在法治政府建设和中国式现代化进程中起着重要的作用。党校是党员干部增强党性修养的"大熔炉"。通过增强党员党性修养，培养党员法治意识，不断深入开展理想信念、社会主义核心价值观、习近平新时代中国特色社会主义思想、中华民族传统美德、党风廉政等各类教育，把党章和党规党纪学习教育作为党性教育的重要内容，引导党员干部不断提高思想觉悟。树立正确的权力观、政绩观、事业观，保持共产党人的政治本色。党校应立足于中国式现代化大背景，立足于法治政府和法治国家建设的大背景，加强党员干部法治思维的培养，通过加强警示教育，深入剖析违纪违法典型案例，引导党员干部增强党性，坚持以人民群众为中心，坚持依法行政。将党性教育融入法治文化建设中，提高党性教育的针对性和实效性，使党性教育起到应有的效果。

　　各级党校应当履行好党和人民赋予的新时代责任使命，为党和人民培养出符合时代要求的党员干部。通过党校系统的培养，增强党员干部各方面的本领，使党员干部具有法治思维和法治意识，思想政治素质过硬，专业本领高强。党校应紧密围绕党中央重大部署决策，结合中国式现代化重大战略需求，结合法治政府建设现实背景，组织开展相关的业务能力培训。党校应当按照党的二十大的相关要求，立足于中国式现代化进程，

---

① 习近平：《在中央党校建校 90 周年庆祝大会暨 2023 年春季学期开学典礼上的讲话》，《求是》2023 年第 07 期，第 6 页。

科学设置法律等相关专业课程，运用案例教学、实地调研等方式提升党员干部的法律思维和法治意识。

党校应当将理论教育、党性教育和党员干部的能力培训作为一个有机的整体，坚持系统观念，注重将理论教育系统化，深入进行党性教育，精确培养党员干部能力，把党校打造成党员干部提高党性修养、增强业务能力、培养增强法治意识和法律思维的有效阵地。党校作为对党员和党员干部进行培训和教育的重要阵地，是法治中国建设、法治文化建设的重要壁垒。要充分发挥党校在法治政府建设的职能，提高党员和党员干部运用法治思维和法治方式推动中国式现代化进程的能力，充分发挥党校在中国式现代化进程中的功能地位和得天独厚的优势，让党员和党员干部成为推进法治政府建设的核心力量。首先，要充分发挥党校在推进法治政府建设中的作用。党校是党组织培训党员干部的学校。各级党校是中国共产党各地党组织培训党员干部的学校。例如，中央党校开设有当代世界法治、当代世界经济等各类课程，开展党性党风教育，肩负培养新世纪领导干部的重任。党员干部是法治政府建设和法治中国建设的核心力量，因此，党校在推进法治政府建设中起着重要的作用，党校在我国的法治政府建设中地位极其重要。党校能够培养党员干部和增强党员干部党性修养，承担着助力法治政府建设的重要任务。中国式现代化所取得的成就，充分证明了党依宪执政、依法执政的能力；顺利解决现实中的种种困境，均得益于坚持党的正确领导。

习近平总书记在中共中央党校建校90周年庆祝大会暨2023年春季学期开学典礼上提出："党校是领导干部锤炼党性的'大熔炉'。各级党校要把党性教育作为教学的主要内容，深入开展理想信念、党的宗旨、'四史'、革命传统、中华民族传统美德、党风廉政等教育，把党章和党规党纪学习教育作为党性教育的重要内容，引导和推动领导干部不断提高思想觉悟、精神境界、道德修养，树立正确的权力观、政绩观、事业观，保持共产党人的政治本色。要加强警示教育，深入剖析违纪违法典型案例，引导学员举一反三、引以为戒。要提高党性教育的针对性和实效性，改进教学方法，融通教育资源，使党性教育更加生动深刻、有血有肉。要深入研究党性教育内在规律，探索全周期全链条教育模式，把党性教育贯穿教学和管理全过程，真正使党性教育入脑入心、刻骨铭心，让学员记住一辈子。"[①]

作为马克思主义执政党，中国共产党一直重视用理论武装队伍。通过强化理论教育，不断提升党员干部理论修养。党校应当立足于中国式现代化道路的时代大背景，立足于法治政府建设的时代大背景，加强法治文化建设。要加强法治文化建设，培养党员干部的法治思维和法律意识，党校应在法律类课程体系中坚持落实思想建党、理论强党方针。法律素养和法律理论修养是党员干部行政能力提升和综合素质提升的核心内容。只有理论成熟，才能练就政治上的成熟，才能在行政中有所作为，以人民群众为根本，全心全意为人民服务。要加强理论修养，就要充分发挥党校的育人培养功能。党校要系统培养党员干部，持续深化理论学习，不断提升党员干部的法学理论素养，强化党员干部的法律思维，以思想自觉引领行动自觉。

通过在党校系统深入地学习贯彻习近平新时代中国特色社会主义思想主题教育，提高党员干部执政水平，提升党员干部行政能力，增强党员干部党性，提升党员干部履职尽责的能力

---

① 习近平：《在中央党校建校 90 周年庆祝大会暨 2023 年春季学期开学典礼上的讲话》，中共中央党校官网，https://www.ccps.gov.cn/xxsxk/xldxgz/202304/t20230401_157467.shtml，访问日期：2023 年 6 月 20 日。

和水平。坚持在党校课程中创新法治人才培养机制，培养造就一大批高素质法治人才。坚持用先进理论指导行动，培养党员干部坚定的信念，贯彻党的教育方针，更好地发挥党校教育先导性的作用，加强法治相关领域的研究，培养忠诚于党、忠诚于人民、忠诚于法律的高素质法治党员干部，为法治政府建设、为中国式现代化道路提供坚实的人才保障。党校要加强培养党员干部法律意识和法治思维等方面的能力素质，使党员干部在政治上和党性上更加坚定，从而有利于推进治国理政的实践。党员干部在政治上的坚定、党性上的坚定都离不开理论上的坚定，因此，要不断地用马克思主义理论、毛泽东思想、邓小平理论和习近平法治思想培养党员干部，使党员干部能够科学执政、民主执政、依法执政，能够依照宪法、法律来开展各项工作，从而发挥法治政府各级职能部门的职能作用，保障推进中国式现代化进程。发挥党校在法治文化建设中的作用，就要扎实开展好各类主题教育。法治文化建设，需要全社会信仰法律，通过法律来解决各类问题，以实际行动让老百姓相信法律，使老百姓的要求可以实现合理诉讼，通过法律程序得到合理合法的结果，这就需要法治政府积极发挥职能作用，要求党员干部在行政中需要深刻把握习近平法治思想。因此，党校在教育培训党员干部的时候，要让党员干部全面学习并领会习近平法治思想的核心要义和丰富内涵，深刻把握习近平法治思想的立场观点，增进政治认同、理论认同和思想认同。只有从内心深处认同，才能够在实践中践行习近平法治思想。发挥党校在法治文化建设中的作用，就需要党校弘扬理论联系实际的优良作风。在培训党员干部时，坚持知行合一，聚焦人民群众关注的热点问题。把党的创新理论转化为推动工作、建功立业的实践行为，不断推动中国式现代化取得新的成就。党校要紧跟时代潮流，把党的创新理论转化为实践伟力，通过党员干部的培养，不断提高党员干部的行政执政能力和水平，让党员干部在党校这个大熔炉里面经过磨炼，汲取丰富的理论智慧和力量，培养党员干部的法律意识和法治思维，不断提高党员干部实干担当的能力和水平。

同时，结合新的国内外形势，有计划、有目的地开展法治文化建设，不断提升党员干部的政治思想水平和法治思维，将法治中国建设理念、法治政府建设理念以及中国式现代化建设理念融入党校培训的重要课程中，引领广大党员干部自觉做法治政府建设的实践者和引领者。要有效提高党校课堂教学质量，强化党员干部法治思维的培养。发挥党校在法治文化建设中的作用。要有效提高党校课堂教学质量，应不断改进和提升党校课堂教学质量。党校是培养干部的主要阵地，也是党员队伍建设的重要力量。党校的地位和作用需要通过教学质量来体现。从党校肩负的历史使命出发，从培养党员干部法治思维出发，党校应当不断创新教学理念、拓展教学内容、改革教学方式、强化教学管理、提升教师素质，推动法治类示范课堂与特色课堂的建设，进而有效提高党校法治课堂教学质量，不断提升党员干部执政水平和能力，促进党员干部加强党性修养，立足本职岗位，全面践行群众路线。党校是培训党员干部的主要阵地，不断提高党校课堂教学质量是党校安身立命的根本，也是党校工作的重点内容。党校作为干部教育培训主渠道主阵地，其地位和作用要通过高水平的教学质量，特别是课堂教学质量来体现。①

党校课堂教学质量受到多重因素的制约，包括教师的教学

---

① 康伟：《提高党校课堂教学质量的思考》，《党政论坛》2014年第4期，第57-58页。

思想、教学内容建设、教学方式改革等，教师自身能力与水平也是关键的因素。提高党校课堂教学质量应从教学理念、教学内容、教学方式、教学管理和教师素质等五方面全面落实：

第一，创新法治课堂教学理念，打造"优质法律课堂"。创新法治课堂教学理念，全方位设计"优质法律课堂"，是提高党校法律课程教学质量的第一步。首先要全面了解学员单位及学员个人的特定培训需求。在学员入学前就制定好不同的培养方案，以创新的教学理念为指引，全方位多角度地设计出与时俱进的"优质法律课堂"。优质法律课堂的"优秀"体现在以下几个方面：一是教学内容要与时俱进，有针对性进行教学，按需施教。只有做好前期教学准备工作，不断创新教学理念，才能以"空瓶"的心态设计出优质法律课堂。二是将理论与实际相结合。法学理论联系中国式现代化进程实际，加大对重大现实问题的研究。理论联系实际是党校教育的根本方针，也是提高党校法学课堂教学质量的关键。在培训目标上体现出分层教学，不同的班次、不同的教学对象，都需要对应不同的教学目标，从而设计出不同的法学课堂教学内容。三是要结合时政热点，将理论与现实深度融合，打造优质法律课堂。党校教师只有不断创新教学理念，才能因材施教，设计并实施不同的教学内容，设计出优质法律课堂。

第二，拓展教学内容，建设"模块化课堂"。要提高党校课堂教学质量，拓展教学内容是其中最重要的环节。优秀的教学理念需要通过教学内容来体现，教学内容即教学理念的落地与实现。拓展教学内容，必须立足于党校教学的根本宗旨，突出中国特色社会主义理论的教学，全方位建设"模块化课堂"。通过拓展教学内容，开设一系列"模块化课堂"，这一系列课程是一个有机统一整体，要注重逻辑性与总体布局。在教学内容的创新设计上，始终围绕中国特色社会主义经济、政治、文化等核心主题，深化学员对国家发展战略的理解和认识，让学员更加深入地理解党的奋斗目标，不断坚定学员的文化自信，激发学员建设社会主义强国的信心。理论与实践相结合，让学员积极参与"模块化课堂"，从单一专题转向系列主题，进而提高学员的组织领导能力与岗位履新能力。

第三，改革教学方式，创设"多维立体课堂"。教育方法指教育者在教育过程中为了有效传播知识，对被教育者进行教育的手段策略和方式方法。[①] 提高党校课堂教学质量，改革教学方式是动力，教学方式多种多样，但都需要立足于课堂，以创设"多维立体课堂"为建设目标。一是以小见大，将"法律专题课堂"做好做精。"法律专题课堂"是非常有效的一种教学方式，也是重要的教学环节。"法律专题课堂"建设的关键是与时俱进，对课堂教学内容细致钻研，将授课内容与研讨、拓展等充分结合起来，通过启发式教学，打破传统课堂以"讲授"为中心的教学方式，让学员更加积极地参与到专题研讨中，不断调动其积极性，提升课堂的质量。同时，党校课堂要始终坚持服务政府战略的目标，做深"研究课堂"。通过开展研究式的教学，让学员更多地参与到研讨中，树立主人翁意识，强化党员干部的责任与担当意识，通过"研究型课堂"的开展，让学员能够在教师的指导下，发挥主观能动性，形成课题研究成果，助力政府决策，助力法治政府建设。此外，还应开创"多维度立体课堂"，通过案例教学、情景模拟教学、学员深入实践等多种教学方式的立体运用，更有效地提升学员的综合素质与能力。总而言之，多种教学方式的综合运用，能够不断丰富教学形式，

---

① 李小辉：《提高党校课堂教学质量的思考》，《中共山西省委党校学报》2021 年第 3 期，第 96—99 页。

让学员更多地参与到课堂教学中，让法学课程教学内容入耳、入脑、入心。

第四，强化教学管理，引领"法律示范课堂"。一是强化教学管理，加强基础如调研实践基地的建设、教师智库的建设、教学资源包建设等。其次，做好教师管理与督促工作，要重点落实集体备课这一环节。通过集体备课与研讨，促进教师队伍的广泛交流，更大限度地发挥教师的才智。二是要做好教师评价与管理工作，通过测评、考核等，调动教师的工作热情与积极性，让教师在工作中有成就感与归属感。三是要严格学员管理与考核，将考核指标进行量化，保障课堂教学质量。

第五，提升党校教师素质，推广"特色法律课堂"。教学的顺利开展离不开教师，教师在课堂教学中始终处于重要的地位，教师是课堂的设计者、课堂的引导者，对课堂质量的提升起着重要作用。要提升教师业务能力与综合素质，为教学注入新的活力。党校教师是党员干部的标杆和引领，党校教师在党员干部学习中应当做好示范作用。党校教师首先要提升自己的素质，坚定自信，发挥引领示范作用。党校教师应当立足于主干课程，形成核心主干课程和特色课程加法律课程等相关特色，使党校系统教学更加规范化和具有特色化，突出党的理论教育和党性教育，在党员干部培训中彰显突出的教育作用。党校应给教师提供更多的培训与进修机会，让教师不断提升教学能力，全面拓展教师的综合素质与能力。通过组织教师参与法律课程教学竞赛、优质课堂评选等活动，激励教师不断提高执教能力，进而推动特色课程的建设，不断提高教学质量。党校课堂教育质量影响着党员干部的教育质量，提高党校课堂教学质量是党校安身立命的根本，也是每一位教师要面临的重要课题。教师自身要不断学习，持续提高执教能力，通过创新法学课程教学内容、改革法学课程教学方式、强化教学管理、开展丰富多彩的教学活动，不断增强课堂的吸引力，为提高党校课堂教学质量做出应有的贡献。党校管理层应从党校肩负的历史使命出发，加大师资队伍建设力度，加强教学管理，为教师创新教学理念、推动示范课堂与特色课堂的建设提供良好的环境，有效提高党校法律课堂教学质量，不断提升党校教师的执教水平和能力。党校课堂教育质量的提高，能够促进党员干部加强党性修养，立足本职岗位，全面践行群众路线。

总而言之，党校要强化党员干部法治思维培养。通过开展相关法律课程，强化和培养党员干部的法治思维，将法治思维内化为惯性思维方式，体现在日常工作当中。完善党员干部法治中国建设知识体系。党校在开展法律相关课程时，应系统化、学科化、体系化，循序渐进、有针对性地落实课程体系。知识在于运用，还需要不断提高党员干部实施法治的应用能力。通过理论知识结合法治实践，通过法律案例分析调研活动、基层法律课堂教学等各项工作的开展，强化党员干部在实践工作中实施法治的应用能力，减少行政违法现象。

同时，党校要充分发挥党校职能作用。通过充分发挥党校的理论宣传和组织的作用，发挥党校在法治文化建设中的功能和作用。党校应当立足于中国式现代化进程，强化党校服务社会的职能，使党校的教科研更加联系中国式现代化实际，使党校的教学研究和干部人才培养实现一体化，最终实现党校服务社会的职能。党校应从实际出发，着力为政府培养高素质党员干部人才。以服务法治政府建设和中国式现代化发展为目标，着力为政府培养高素质党员人才。党校具有地方性和区域性两大特征。从一定意义上讲，地方党校的发展水平决定着我国基层法治政府的治理水平，影响着中国式现代化进程。

党校服务社会的职能，不仅着眼于培养党员干部的法治思维和治理能力，同时包括为地方的政治、经济、文化服务。党校应当坚持把改革开放创新作为根本动力，准确把握世界经济社会发展规律和中国式现代化时代潮流，从国家发展的现实基础、新的阶段性特征和未来的战略需求出发，在新的历史起点上推进党校自身发展、跨越式发展，为法治文化建设贡献党校的动力源泉。其中一个要点即要创新党员干部人才培养体系，尤其是注重党员干部法治思维的培养。形成完善的课程体系，将党校课程的落实转化为党员干部人才法治思维的培养。因此，党校要立足于现实，树立服务"中国式现代化和法治政府"建设的思想，充分发挥党校自身的优势，优化课程体系，发挥党校服务社会的重要职能。首先，党校要强化服务国家建设的意识。党校为经济社会发展服务是必然趋势，从某种意义上讲，党校的社会地位和公众形象不仅取决于党员干部培养和科学研究的水平，更多来源于对社会的贡献力和影响力。党校在为中国式现代化建设服务做出贡献的同时，自身的价值得到充分体现，得到社会的承认、信任和支持，更为自己的可持续发展创造更好的条件。因此，党校要把自身的长远发展目标建立在"法治政府人才培养"上，利用自身特色，更新办学理念，结合国家发展建设的战略目标，以"培养法治政府建设人才"为导向，充分发挥党校的特色和优势，沉淀党校文化底蕴。一方面，党校要健全完善规划，研究相关的中长期干部培养发展规划。另一方面，党校还应当调动广大教师参与进来，提升转化教学科研成果的能力，全面发挥党校服务"中国式现代化和法治政府建设"的职能。

党校应增强社会服务职能，树立全方位的服务观。以培养法治政府需要的法律人才为根本，以科研创新为支撑，以科研促进人才培养，增强服务社会能力，以服务求支持，以贡献求发展，从而构建一个三大职能协调发展的体制机制，发挥党校育人功能。党校在强化服务国家建设意识的基础上，还应该不断提升服务国家建设的能力。党校是思想文化的聚集地，党校要以学科和专业建设为基础，以服务国家建设和发展为方向，准确定位，形成自己的办学特色，办好特色专业，紧密联系国家经济社会发展战略，开展灵活多样的、开放的党员干部培养模式，为法治政府建设输送人才。党校要紧密结合自身办学定位及办学特点，凝练学科特色，提升服务国家建设的能力，为法治文化建设、为法治政府建设做出应有的贡献。

党校作为培养党员干部的主要阵地，必须准确把握"党校姓党"的根本原则，坚守党校"为国育才、为党献策"的初心，在法治文化建设中起到应有的重要作用。党校必须坚持改革创新，坚持按需施教，增强培训的时效，不断探索创新，最终目的是提高党为群众服务的能力，为法治政府建设服务，为中国式现代化进程服务。

（四）社会主义核心价值观融入法治文化建设

社会主义意识形态要有强大的凝聚力和引领力，巩固壮大主流思想舆论极端重要。习近平总书记指出："我们正在进行具有许多新的历史特点的伟大斗争，面临的挑战和困难前所未有，必须坚持巩固壮大主流思想舆论，弘扬主旋律，传播正能量，激发全社会团结奋进的强大力量。"历史和实践证明，一个国家、一个民族的凝聚力和向心力，离不开积极、正确思想舆论引导，主流思想舆论越强大，人民为理想和梦想而奋斗的信仰、信念、信心也就越坚定。"人民有信仰，国家有力量，民族有希望。"①
广泛践行社会主义核心价值观，就是用共同理想信念凝聚中华
民族意志，用中华民族的精神激发中国力量，这有助于社会主
义法治政府建设，有助于全面建成社会主义现代化强国，推进
中华民族伟大复兴，有利于推进中国式现代化进程。社会主义
核心价值观凝聚全国人民的信念。社会主义核心价值观体现出
当代中国精神，也是代表着全体中国人民共同的价值追求。将
社会主义核心价值观融入法治文化建设，通过深入开展社会主
义核心价值观宣传教育，引导全国人民了解中国共产党。坚持
走中国特色社会主义道路，实现文化自信、理论自信、制度自
信。通过将社会主义核心价值观融入法治文化建设，将全国人
民紧密团结在党中央周围，进而凝聚中国力量。文化是民族的
精神命脉，文化自信是更基础、更广泛、更深厚的自信，是一
个国家、一个民族发展中最基本、最深沉、最持久的力量。习
近平总书记所作的党的二十大报告从国家发展、民族复兴高度，
提出"推进文化自信自强，铸就社会主义文化新辉煌"的重大
任务，就"繁荣发展文化事业和文化产业"做出部署安排，为
做好新时代文化工作提供了根本遵循、指明了前进方向。我们
要深入学习贯彻党的二十大精神，坚持中国特色社会主义文化
发展道路，大力发展文化事业、文化产业，不断激发全民族文
化创新创造活力，增强实现中华民族伟大复兴的精神力量。②
我们必须坚定文化自信，推进文化自强，发挥文化铸魂、文化
赋能作用，紧密围绕举旗帜、聚民心、育新人、兴文化、展形

---

① 林仰之：《建设具有强大凝聚力和引领力的社会主义意识形态》，《光明日报》2022
年11月07日，第06版。
② 胡和平：《繁荣发展文化事业和文化产业》，《人民日报》2022年12月28日，第
09版。

象的使命任务，以社会主义核心价值观为引领，以满足人民文化需求、增强人民精神力量为着力点，大力繁荣发展文化事业和文化产业，为经济社会发展赋能，为实现中华民族伟大复兴的中国梦聚力。①

社会主义核心价值观是社会主义核心价值体系的内核，是社会主义核心价值体系的理念和集中表达，是党的十八大明确提出来的。社会主义核心价值观需要通过强化教育引导、实践养成，发挥其对国民教育、社会主义法治文化建设的引领作用，将社会主义核心价值观融入法治文化建设及将社会主义核心价值观转化为广大人民群众的情感认同和行为习惯，进而推进法治政府建设和中国式现代化进程。

党中央高度重视社会主义核心价值观的引领作用。中共中央专门印发《社会主义核心价值观融入法治建设立法修法规划》（以下简称《规划》）并发出通知，要求各地区各部门结合实际认真贯彻落实。

《规划》强调，要以习近平新时代中国特色社会主义思想为指导，坚持全面依法治国，坚持社会主义核心价值体系，着力把社会主义核心价值观融入法律法规的立改废释全过程，确保各项立法导向更加鲜明、要求更加明确、措施更加有力，力争经过 5 到 10 年时间，推动社会主义核心价值观全面融入中国特色社会主义法律体系，筑牢全国各族人民团结奋斗的共同思想道德基础，为决胜全面建成小康社会、夺取新时代中国特色社会主义伟大胜利、实现中华民族伟大复兴的中国梦、实现人民对美好生活的向往，提供坚实制度保障。《规划》指出，推动社会主义核心价值观入法入规，必须遵循的原则是：坚持党的

---

① 胡和平：《繁荣发展文化事业和文化产业》，《人民日报》2022 年 12 月 28 日，第 09 版。

领导，坚持价值引领，坚持立法为民，坚持问题导向，坚持统筹推进。《规划》明确了六个方面的主要任务。《规划》强调，推动社会主义核心价值观入法入规是一项艰巨繁重的任务，要采取有效措施，认真组织实施，使法律法规更好体现国家的价值目标、社会的价值取向、公民的价值准则。社会主义核心价值观与法治建设工作紧密相连，要将社会主义法治观融入法治建设各级工作中，就需要统筹规划，全国一盘棋。首先，在完善工作机制的基础上，全国人大常委会和国务院要制定相关立法规划，分析基于社会主义核心价值观的立法需求，完善相关论证制定，加强相关宣传和宣讲等工作，让社会主义核心价值观与法治建设工作深入民心。其次，各级政府要切实强化重点工作，统筹协调各方力量，推动落实社会主义核心价值观融入法治政府建设各项工作中，发挥社会主义核心价值观的普世价值。最后，立法机关要切实将社会主义核心价值观融入法律法规。要加强舆论引导，报道典型案例，弘扬法治精神，树立社会正气，鞭挞丑恶行为，引导人们自觉践行社会主义核心价值观。①

通过将社会主义核心价值观融入法律法规的立、改、废、释全过程，才能确保各项立法以人民为中心、以人民群众的根本利益为基石。进而保证各项法律法规得到人民群众的认可和接受，鲜明、有力、明确的各项立法，才能得到人民群众的根本认同。只有不断推动社会主义核心价值观全面融入中国特色社会主义法律体系，才能团结全国人民，同心协力走中国式现代化道路。实现中华民族伟大复兴，是全国各族人民团结奋斗

---

① 中共中央印发《社会主义核心价值观融入法治建设立法修法规划》，中华人民共和国中央人民政府网，https://www.gov.cn/zhengce/2018-05/07/content_5288843.htm，访问日期：2023 年 6 月 20 日。

的目标，社会主义核心价值观就是基于广大人民群众的共同思想道德基础。将社会主义核心价值观融入法治文化建设中，就需要倡导公平公正，坚持人民群众利益至上，坚持人民主体地位，推动党员干部在行政工作中自觉践行社会主义核心价值观；同时，要充分发挥宪法的统领作用，在宪法中突出体现社会主义核心价值观要求，在各级法律法规中体现社会主义核心价值观要求。通过将社会主义核心价值观融入法治文化建设，有利于充分发挥价值引领作用，有利于健全文化法律制度，尤其是公共文化服务，从而推动优秀文化的传承和发展。通过健全法律制度尤其是文化法律制度，能够确保正确的价值导向，让人民群众认同法律，遵守法律，有利于法治国家建设和中国式现代化进程的推进。将社会主义核心价值观融入法治文化建设，就需要从人民群众最关心、与人民群众最密切的利益问题出发，加快完善民生法律制度。只有坚持人民群众利益至上的原则，才能不断改善民生工程，进而保障民生。通过健全与民生息息相关的各项法律规章制度，推动民生工程和社会基本公共服务标准化、均等化、法定化。将社会主义核心价值观融入法治文化建设，就需要不断健全现代公共文化服务体系。发展公共文化服务，是保障人民群众文化权益、改善人民群众生活品质的一个重要途径。党的十八大以来，以习近平同志为核心的党中央明确提出要不断提升公共服务文化服务水平，不断加快加强现代公共文化服务体系。基于此，我们应坚持法治政府主导、社会参与、共建共享，不断提升和推进公共文化服务体系一体化建设，为全国人民群众提供更高质量、更有效率、更加公平的公共文化服务。将社会主义核心价值观融入法治文化建设，就需要从生态环境建设出发，落实相关生态文明法律制度。通过完善并积极落实与生态环境紧密相关的法律制度，把生态文明建设纳入法治化轨道。将社会主义核心价值观融入法治文化建设，就需要不断探索并完善社会信用体系相关法律制度，人人遵守法律，人人信任法律，人人依靠法律，不断促进社会新风尚，人民行为规范合理，倡导社会生态文明新风尚。

　　社会主义核心价值观是全体中国人民的价值追求，是全社会的认同与共识，也是中国精神和民族精神的体现。发挥社会主义核心价值观的引领作用，是推进法治政府建设、法治文化建设的重要任务。将社会主义核心价值观融入法治文化建设，能够发挥社会主义核心价值观的重要作用，培育和影响广大人民群众、党员干部的行为准则，具有权威性和约束性的法律能够影响人们的行动。以法治文化建设为载体，通过法治政府建设和中国式现代化进程，将最大化发挥社会主义核心价值观的价值引领作用。社会主义核心价值观融入法治文化建设，能够对法治政府建设产生积极的推动作用，以全体中国人民广泛认同的价值追求和共识为基础的法律规范、体系化法制制度，也存在着社会主义价值目标和价值立场，是主流价值，是人民群众认同并内化为行动力的价值，有利于保证法治政府建设的顺利进行，同时为法律制度的实施提供精神支撑，进而推进中国式现代化进程。换言之，将社会主义核心价值观融入法治文化建设，更容易为广大人民群众所接受和认同，并有利于推进法治政府建设进程。

　　将社会主义核心价值观融入法治文化建设，就需要打造一个阳光透明的法治政府。阳光透明的法治政府，体现出党的路线、方针和政策，是真正意义上的法治，是以人民为中心、以民主为社会条件和制度基础的法治模式。阳光透明的法治政府，是在国家的法律秩序中代表人民群众的意志，确保人民群众的根本利益。建设阳光透明的政府，就需要更加完善政府信息公开机制，依法行政，提高政府工作透明度。打造阳光透明政府，就需要建立起政府公信力、政府信息公开制度，将政府行使权力的依据、行政活动的程序、行政决策的内容、贯彻执行的过程、行政服务项目等相关政府信息向社会公开化，让人民群众了解、熟知政府所做的事情。建立透明阳光的政府，推进政务公开。各级政府及其工作部门依据权力清单向社会和人民群众全面公开政务、政府职能、法律依据、实施主体、职责权限、管理流程、监督方式等各项事务。建立阳光透明的政府，将相关信息公开透明化，能够促进中国式现代化进程，发挥出较大的经济效益，不断推动市场经济健康全面发展，同时能够使社会资源的分配进一步合理和科学。信息公开，对参与市场经济活动的人民群众来说具有重要的现实指导意义。政府作为大量信息资源的占有者，及时公布这些信息，使人民群众在获取这些信息后能够进行分析和形成自己的判断，能够获得更全面的信息，做出科学的决策，实现经济效益的最大化。基于此，对政府和人民群众双方而言，公开透明的政府利于双方，相关经济等信息的公开，使双方获益，是一个互惠互利的过程。

将社会主义核心价值观融入法治文化建设，就需要以民为本、人民利益至上，把社会主义核心价值观的要求体现在立法、执法、司法和守法等各个环节当中，把法律交给人民，通过科学立法、严格执法、公正司法、全民守法等各个环节融入社会主义核心价值观。人民群众认可和接受的社会主义核心价值观融入法治文化建设中，才能保证法治中国建设沿着正确方向前进，最终实现中华民族伟大复兴。将社会主义核心价值观融入法治文化建设，就是要坚持人民至上的法治理念。中国共产党成立以来，其根本目的就是为了让人民群众过上幸福的日子。中国式现代化本质要求高质量发展全过程人民民主、实现共同富裕等，都体现出以人民为中心的价值取向，与社会主义核心价值观一致。坚持人民至上是法治政府建设的根本政治立场，也是社会主义法治国家建设的根本追求。坚持人民主体地位、坚持人民至上的法治理念，是基于中国共产党的先进性。中国式现代化的基础是广大人民群众，人民群众也是推进中国式现代化和法治政府建设的主体。坚持人民至上，就是依靠人民、造福人民。把人民利益放在第一位，把人民的意愿放在第一位，所有一切出发点都是维护人民的权益，增进人民的福祉。从而实现全体人民共同富裕。把人民至上的观点落实到中国式现代化进程的各个领域，落实到法治政府建设的全过程，才能确保人民当家作主。坚持人民至上，就需要将人民民主贯彻落实到立法、司法、执法、守法等法律运行的各个环节。把人民民主落实到法治政府建设的各个环节，使国家的治理更好地体现出人民群众的根本利益，体现出人民群众的意志。将社会主义核心价值观融入法治文化建设，坚持人民至上的法治理念，就需要不断完善社会治理体系。完善社会治理体系要坚持以习近平新时代中国特色社会主义思想为指导，按照党的决策部署提升社会治理效能，以社会治理实现中国式现代化。

要推进社会治理实现重大成就，就必须维护社会公平正义，依法保障人民群众的权益。公平正义是社会主义法治的价值追求，也是人民群众的关切点。只有不断完善社会治理体系，确保制度创新，确保法律面前人人平等、公平公正，才能以中国式现代化推进法治政府建设，以法治政府建设保障中国式现代化进程。完善社会治理体系，就需要发挥政治引领作用，坚持中国共产党的领导。坚持以习近平新时代中国特色社会主义思想为指导，发挥党的先进性，发挥社会主义政治优势，不断加强党对社会治理现代化的领导，凝聚人心，不断推进社会治理现代化体系。通过凝聚政治力量，通过将社会主义核心价值观融入法治文化建设，不断发挥党员干部先锋队作用，发挥人民群众主力军的作用，社会各界协调合作，从而以优良的政治生态引领社会生态，保证社会治理的成效。将社会主义核心价值观融入法治文化建设。加快社会治理，要发挥法治的保障作用，坚持以中国式法治现代化保障社会治理取得卓越的成效。坚持人民至上的法治理念，才能够严格执法，保障公众能够参与，打造阳光透明的法治政府，不断提高法治政府的决策公信力和执行力。通过科学立法、文明执法、公正司法，让人民群众感受公平正义，增强全国人民的法治观念。

　　将社会主义核心价值观融入法治文化建设，就需要在全社会形成知党、爱党、拥护党的良好的社会氛围。中华民族伟大复兴之路的领路人是中国共产党，中国式现代化道路的总指挥是以人民利益为中心的党中央。作为中国工人阶级的先锋队，中国人民的领路人，中国共产党是中国社会主义事业的领导核心，这是时代和人民的选择，也代表着中国前进发展的新方向。中国共产党从成立之初，就以最广大人民核心利益为根本宗旨，经过战火的洗礼，以马克思列宁主义、毛泽东思想为指导，带领中国人民成立新中国。在邓小平理论、"三个代表"重要思想、科学发展观、习近平新时代中国特色社会主义思想指导下，中国共产党带领全国人民从一个积贫积弱的国家，走向繁荣富强。党的最高理想和最终目标，是带领人民群众走向现代化，实现共产主义。历史和现实深刻表明，马克思列宁主义、毛泽东思想、邓小平理论、"三个代表"重要思想、习近平新时代中国特色社会主义思想的基本原理是科学、正确的，具有强大的生命力和指导作用，符合历史发展规律。先进理论是中国共产党和中国人民的行动指南，先进理论指导中国式现代化实践，而中国式现代化实践又助力理论的提升与发展。同中国实际和中国式现代化道路特征相结合的先进理论，将引导我国法治政府建设和中国式现代化事业不断前进。用如此优秀的理论作为指导思想的中国共产党是先进的，是不可摧毁的。中国式现代化道路的成就，让人民群众深切地明白，中国共产党人孜孜不倦追求的共产主义的最高理想，只有以习近平新时代中国特色社会主义思想为指导，只有在社会主义社会充分发展和高度发达的基础上才能实现。社会主义制度的发展和完善是一个长期的历史过程。社会主义核心价值观融入法治文化建设中，使人民群众更加深刻地认识到，只有坚持马克思列宁主义的基本原理，以邓小平理论和"三个代表"重要思想、科学发展观、习近平新时代中国特色社会主义思想等重要思想作为指导原则，坚持走中国人民自愿选择的适合中国国情的道路，坚持走中国式现代化道路，中国的社会主义事业必将取得最终的胜利。通过将社会主义核心价值观融入法治文化建设，让人民群众熟悉了解党的政策方针，更加有利于法治政府建设，有利于推进中国式现代化进程。

　　党的先进性决定了党对于党的建设这一问题十分重视：党章是党开展活动，规定党内事务所规定的根本法规，因此，应坚决以六项基本要求加强党的建设。党的章程明确提出党的建设应坚决实现以下四项基本要求：第一，坚持党的基本路线。第二，坚持解放思想，实事求是，与时俱进，求真务实。第三，坚持新时代党的组织路线。第四，坚持全心全意为人民服务。第五，坚持民主集中制。第六，坚持从严管党治党。[1]长期坚持党的基本路线，这是最根本的要求。只有坚持党的基本路线，

---

① 《中国共产党章程》，人民出版社，2022，第19-22页。

才能以人民群众为中心，以经济建设为中心，完成中国式现代化道路。坚持党的基本路线，就要加强法治政府建设，促进改革开放，自力更生，建设社会主义现代化强国。高举思想理论大旗，坚持统一思想和行动，才能长期坚持党的基本路线。要建设富强、民主、文明、和谐、美丽的社会主义现代化强国，就必须坚持解放思想，与时俱进。思想指引行动，解放思想，才能更加求真务实，一切从实际出发，遵循中国式现代化建设的客观规律。在此基础上，加强法治政府建设，全心全意为人民服务。只有将人民群众利益放在首位，才能与人民同甘共苦，为中国式现代化添砖加瓦，与群众保持最密切的联系，处处为人民群众着想，才能赢得民心，把党的正确主张变成人民群众的自觉行动。民主集中制是党的根本组织原则和领导制度，与专制对立，民主基础上的集中，集中指导下的民主相结合，使其具有科学性，也能被广泛运用于群众路线当中。实践证明，在中国式现代化进程中，在法治政府建设中，民主集中制发挥了巨大的作用。将社会主义核心价值观融入法治文化建设，让人民群众更加深刻地认识到，党的宗旨就是全心全意为人民服务。为进一步加强党的执政能力建设，全面推进党的建设新的伟大工程，确保党始终走在时代前列，更好地肩负起历史使命，党不断地开展党员先进性教育活动。通过开展党员先进性教育学习活动，让党员干部更加明确自己肩负着历史赋予的伟大历史使命，这有利于法治政府建设，有利于进一步为人民执好政、掌好权，符合时代的要求、人民的要求。将社会主义核心价值观融入法治文化建设，坚持开展保持共产党员先进性教育活动是十分重要和必要的。党始终代表中国先进生产力的发展要求、代表中国先进文化的前进方向、代表中国最广大人民的根本利益的历程，党拥有保持党的先进性的光辉历程。在新的历史条件下，尤其是在中国式现代化进程中，加强法治政府建设，就需要将社会主义核心价值观融入法治文化建设，继续保持党的先进性教育活动。从现实状况来看：当前，我国正处在全面建成小康社会、加快推进中国式现代化道路的新的发展阶段，党所处的环境、党所肩负的任务、党员队伍的状况都发生了重大变化。新的形势和任务对保持共产党员的先进性提出了更高的要求，历史赋予了新的使命。我们要充分意识到，在新的历史条件下，将社会主义核心价值观融入法治文化建设，就是要自觉学习实践具有鲜明时代特色、符合历史发展规律的习近平新时代中国特色社会主义思想。要全心全意为人民服务，要牢记宗旨，不忘初心，在历史的舞台上，发挥党员干部的模范带头作用。要在国内外复杂的局势中，坚定共产主义理想信念，对中国式现代化道路充满信心。只有心中有人民，只有坚持以人民利益为中心，才能坚定中国特色社会主义信念，才能锐意进取，奋发图强。立足岗位，牢记革命使命，无私奉献，才能为法治政府建设贡献力量，才能团结人民群众，带领人民群众走向繁荣富强。树立为人民服务的意识，坚持在工作中精益求精，从身边小事做起，把国家和人民利益放在首位，才能跟随党的步伐，坚持法治政府建设，坚持走中国式现代化道路。

将社会主义核心价值观融入法治文化建设，就要不断破解数字社会法治文化建设面临的现实问题。首先，我们必须明确数字社会法治价值。从治理有效性更多地转向治理人本性。应该更加关注新的公序良俗，加强程序法治。使法治建设各个环节更加透明，强化公民文化建设。尤其是在当今数字社会发展的高速阶段，我们更需要警惕数字社会技术的滥用、科技异化等现象引发的社会公平公正等相关问题，应当在全社会广泛培育共建共享法治文化，尤其是将社会主义核心价值观融入法治文化建设中，明晰数字社会的法治价值，塑造公民的守法观念，促进公平正义，促进全社会对社会主义法治文化的广泛认同。

数字社会对法治文化建设提出了更高的要求。数字社会的法治文化建设，要求广大公民对数字社会的文化有普遍的认同，对文化价值有普遍的表达，进而推动法治政府建设和中国式现代化进程。要确立数字法治价值，不断推动法治规范体系的完善，就需要将社会主义核心价值观融入数字法治文化建设，就需要防止技术的滥用、科技异化等可能引发的社会公平公正等问题。因此，我们要更加深刻地认识和思考数字社会建设的文化伦理困境，提出破解相关现实问题的解决方案。与数字社会相关的大数据信息成为社会的核心资源，智能化技术引发了知识的生产和传播速度的加快，使数字社会具有多重特征。如何规范网络平台的权利，依法监管网络平台以确保社会的稳定和繁荣，相关的法律法规需要进一步完善，并促进法律得到良好的实施。只有将社会主义核心价值观融入数字社会文化建设，才能使各方面的制度更加规范化和科学化，进而实现数字社会的系统治理、依法治理和综合治理。一切问题皆是由文化问题所产生，因此，一切的问题也都可以通过文化问题来进行解决。数字社会治理中所出现的价值性文化问题、数字歧视等相关冲突问题，我们不能简单沿用传统规则进行衡量，必须上升到法治文化与法律文化的层面进行审视，只有转变观点和改变行为方式，才能建立正确的数字社会法治文化，实现真正的治理。将社会主义核心价值观融入法治文化建设，就必须从强调治理的有效性转向强调治理的人本性。应当以人为本，坚持人民群众至上，坚持人民群众利益至上。治理的人本性主要体现在以下两个方面。首先，坚持以人为本，以保护人民群众的根本利益为核心。只有坚持人民利益至上，才能合理使用资源，做出正确的决策，给人民群众带来便捷、高效和精准的服务，同时也能够为公民参与素质社会治理提供更多的机会，建立一种共享的法治文化。将社会主义核心价值观融入法治文化建设。将社会主义核心价值观融入数字社会的文化建设，能积极鼓励公民参与数字社会的建设，提高人民群众的法治素养。第二，应当引导人民群众形成正确的数字观和价值观，尤其是在大数据、人工智能等现代科学技术广泛运用的现实背景中。很多人容易被网络舆论所误导。因此，我们更应当将社会主义核心价值观融入数字社会文化建设，让人民群众深刻认识问题，确立正确的数字法治价值，对自由、平等、公正等相关内涵有正确的理解。第三，应当培育公民法治意识。让公民更好地了解法治文化建设。合理、公平地参与社会数字社会治理，能够合理地分享数字社会带来的利益。将社会主义核心价值观融入数字社会法治文化建设，坚持法治国家建设、法治政府建设、法治社会建设和法治文化建设为一体。合理制定出相应的权利和责任规范，并通过社会制度体系来实施。通过多层次、立体化的建设，能够尽快地建成数字社会伦理体系，形成人人相信法律、人人自觉遵守法律法规的新风尚。

将社会主义核心价值观融入法治文化建设，以中国式现代化全面推进社会主义现代化道路，全面推动人类法治文明取得更大的进步。中国式现代化道路，标志着中华文明再一次崛起。中国式现代化道路的推进，必须坚持中国共产党的领导，必须坚定不移地建设法治政府。充分发挥法治固根本、稳预期、利长远的保障作用，才能够不断将社会主义核心价值观融入法治文化建设，进而让中国式现代化道路取得更大的成就，让法治政府建设取得更大的成效。将社会主义核心价值观融入法治文化建设，需要拓展方向维度。将中国式现代化目标融入社会主义现代化强国目标。通过法治，实现国家的繁荣昌盛。不断推进中国式现代化进程，加强法治政府建设，将良法善治的法治中国目标融入中国式现代化建设目标，以法治政府建设保障中国式现代化进程，通过将社会主义核心价值观融入法治文化建设，凝聚民心，弘扬公平正义社会主旋律，形成良好的社会风尚。将社会主义核心价值观融入法治文化建设，融入国家治理体系和治理现代化全过程。将人民民主作为中国式现代化建设的重要目标，发展全过程人民民主，保障人民当家作主，能够全面推进中国式现代化，推进法治政府建设进程。将社会主义核心价值观融入法治文化建设，能够拓展价值维度，为实现全体人民共同富裕提供法律支撑和精神支撑。

中国式现代化道路的终极目标是实现全体人民共同富裕，这也是中国式现代化的本质要求。而法治政府建设的含义不仅在于法治形态的建立，更在于确保人民利益高于一切，实现共同富裕。将社会主义核心价值观融入法治文化建设，能够让世界更好地了解中国，讲好中国故事，为全人类共同价值创造新的文明新形态，提升中国在国际社会上的影响力和话语权。社会主义核心价值观在现代化道路建设中的引领作用，为世界人民提供了一条新的发展道路，贡献出了中国的智慧和中国的方案，为人类文明新形态贡献出了独有的中国力量。正如习近平总书记所指出："中国式现代化，深深植根于中华优秀传统文化，体现科学社会主义的先进本质，借鉴吸收一切人类优秀文明成果，代表人类文明进步的发展方向，展现了不同于西方现代化模式的新图景，是一种全新的人类文明形态。中国式现代化，打破了'现代化＝西方化'的迷思，展现了现代化的另一幅图景，拓展了发展中国家走向现代化的路径选择，为人类对更好社会制度的探索提供了中国方案。中国式现代化蕴含的独特世界观、价值观、历史观、文明观、民主观、生态观等及其伟大实践，是对世界现代化理论和实践的重大创新。中国式现代化为广大发展中国家独立自主迈向现代化树立了典范，为其提供了全新选择。"①

　　法治文化建设与法治政府建设紧密相连，与中国式现代化进程紧密相连。文化兴则国运兴，文化强则民族强。只有加强社会主义法治文化建设，将社会主义核心价值观融入法治文化建设，才能充分激发全民族文化创新创造活力。在推进中国式现代化的新征程上，要以习近平法治思想为引领，以习近平新时代中国特色社会主义思想为指导，深入学习贯彻习近平文化思想，坚定文化自信。将社会主义核心价值观融入法治文化建设中，能够得到人民群众的全面认可，激发人民群众创造历史新成就。文化自信的民族才有希望，有创新能力的民族才能取得更伟大的成就。充分认识社会主义核心价值观，为民族复兴和中国式现代化进程注入新的活力和强大精神力量。只有坚定文化自信，将社会主义核心价值观融入法治文化建设，不断加强社会主义法治文化建设，才能不断推进法治政府建设，不断推进中国式现代化进程。

　　坚定文化自信，坚持法治政府建设，坚持中国式现代化道路，体现出中国人民的主流文化，在党的带领下，在社会主义核心价值观的引领下，中华民族和中国人民更加认同中华文明，更加认同中华民族精神，更加自信于国家丰富的历史底蕴。基于坚实的文化基础，基于鲜明的文化特性，中国人民在中国共产党的带领下，能够创造出更加举世瞩目的成就。社会主义核心价值观是中国特色社会主义文化的积淀和积累，是中华民族

---

①　习近平：《习近平在学习贯彻党的二十大精神研讨班开班式上发表重要讲话》，中华人民共和国中央人民政府网，https://www.gov.cn/xinwen/2023-02/07/content_5740520.htm，访问日期：2023年2月7日。

的精神追求，也是激发全民族文化创新的源泉。只有坚持将社会主义核心价值观融入法治文化建设，才能在实践创造中创造新的历史。

第五章　习近平法治思想与法治政府建设

习近平总书记以马克思主义政治家、思想家、战略家的深刻洞察力和理论创造力，创造性提出了关于全面依法治国的一系列具有原创性、标志性的新理念新思想新战略，形成了习近平法治思想。这一思想从历史和现实相贯通、国际和国内相关联、理论和实际相结合上，深刻回答了新时代为什么实行全面依法治国、怎样实行全面依法治国等一系列重大问题，构成了一个富有开创性、实践性、真理性、前瞻性的科学思想体系，推动中国特色社会主义法治理论和实践实现新飞跃，标志着我们党对社会主义法治建设和人类法治文明发展的规律性认识达到新的历史高度。[①] 习近平法治思想为法治政府建设提供了根本遵循。习近平法治思想是引领法治中国建设实现高质量发展的思想旗帜。坚持习近平法治思想，就是真正坚持马克思主义法治理论。习近平法治思想必将指引中国式现代化和中国法治政府建设取得更大的成就。

习近平法治思想内涵十分丰富，论述非常深刻，逻辑十分严密，系统极其完备。习近平法治思想深刻阐明了全面依法治国的政治方向，为中国式现代化道路与法治政府建设指明了方向，为推进国家治理体系和建设更高水平的法治国家提供了根

---

① 中共中央宣传部、中央全面依法治国委员会办公室：《习近平法治思想学习纲要》，人民出版社、学习出版社，2021，第7页。

本遵循。在习近平法治思想的指引下，我们应深刻地认识到，全面推进依法治国的总体目标是在中国共产党领导下，建设中国特色社会主义法治体系，建设社会主义法治国家。全面依法治国，法治政府建设是重点任务和主体工程，只有坚持中国特色社会主义制度，坚持走中国式现代化道路，坚持依法治国，依法行政，才能够在中国共产党的领导下，在法治轨道上有序开展各项工作，进而实现中国式现代化。

党的领导法治化关系着法治国家、法治政府的建设，是建设社会主义法治国家、建设中国式现代化的核心要旨。党兴，则国家兴，法治兴，则国家兴。中国特色社会主义制度确保了人民当家作主的主体地位，同时意味着全面推进依法治国的主体必须是人民群众。社会主义制度的优越性体现在人民当家作主方面，体现在中国式现代化取得的举世瞩目的成就方面。坚持党的领导，是中国式现代化成功的必然保障，是法治政府建设的根本遵循，是人民当家作主、依法治国的充分体现。党对国家和社会的领导，也必然通过法治方式来实现。党依法执政、依法行政、依法领导，保障了党同人民群众的内在一致性，确保了人民当家作主有保障，确保了中国式现代化事业的顺利进行。

一、习近平法治思想中的依宪治国根基

坚持依宪治国、依宪行政是习近平法治思想的核心要义。依宪治国是基于中国式现代化道路发展的要求。中国式现代化是历史和人民的抉择。作为国家根本大法的宪法，是中国式现代化的根基。只有依宪治国、依宪行政，进一步完善国家各项法制建设工作，加大加强国家的立法工作，才能保证现代化之路的宪法实施。各类部门法的制定与完善，能够促进宪法原则与规范的贯彻与执行。通过加强立法机关建设，推进完善宪法监督工作，不断推进全国范围内的法治建设工作，同时加强宪制法治教育工作，才能确保宪法的实施，才能实现宪法的功能与作用，促进中国式现代化发展。从大历史观来看，习近平法治思想始终坚持从中国特色社会主义国情出发，从国家战略高度出发，从人民利益出发来定位宪法。作为国家根本大法的宪法，体现了全国人民的意志，作为人民当家作主治理国家的大法，体现了广大人民群众最根本的意志和利益，贯穿着为广大人民群众最根本利益服务的原则。社会主义宪法集中体现了党的路线、方针和各项政策，规定了广大人民群众前进的道路，宪法的实施与保障具有重要的现实指导意义。历史表明，宪法是国家制度和国家治理制度的集中体现，我国的宪法为国家治理提供了最坚实的基础。宪法的有效实施，保障了国家的治理体系。实践同样表明，具有中国特色的社会主义宪法符合我国的国情，行之有效。制度规则的核心，就是宪法至上的规则，即"宪法规则"。首先，实现"系统治理"的前提和基础是形成一个涵盖国家治理各个方面的制度体系。我国宪法的形式表现为国家基本法，基于相关的基本制度，以相关基本制度为主要内容，阐明了具有中国特色的社会主义制度，为各个领域提供了制度基础。其次，国家治理是一个动态的过程。建设中国特色社会主义法治国家，应以习近平法治思想为指引，需要在宪法基础上形成中国特色社会主义法治，通过建设和运行国家治理体系来治国，即坚持中国式现代化发展道路。宪法为此提供了有效性保护。国家治理能力的重要体现，就是国家管理能力，我国宪法的充分执行为巩固和提高国家治理的有效性奠定了坚实的基础。宪法的生命在于执行，其权威也在于执行。伟大的政治判断需要科学的宪法理论，科学的宪法理论必然是马克思主义中国化时代化的产物。习近平法治思想中的宪法理论，包含我国宪法的性质地位原则、制度规范体系、程序机制机理、实施监督保障的系统总结和原创性论述，它包含的一系列有关中国宪法的原创性、独创性法理，从历史、实践、规范多个层次深刻回答了为什么要坚持依宪治国、依宪执政，在中国宪法中开辟了马克思主义中国化、时代化的新境界，是建构中国宪法学自主的知识体系的根本遵循。① 宪法和一般法律不同，具有最高的法律效力，是国家的根本大法。而社会主义宪法又有其基本特点。根据马克思主义法学理论，法律应以一定的社会为基础，才能适应统治阶级在政治和经济上的需要。只有保证宪法的实施，才能充分发挥其最高法律效力。坚持宪法的最高法律效力，采取切实有效的实施措施，全面实施宪法，是巩固和增强国家治理效力的首要任务，也是促进依宪治国的基础。

习近平总书记在党的二十大报告中指出，"我们必须坚持解放思想、实事求是、与时俱进、求真务实，一切从实际出发，着眼解决新时代改革开放和社会主义现代化建设的实际问题，不断回答中国之问、世界之问、人民之问、时代之问"。中国不同于其他任何国家，有自己的国情，坚持走现代化和平发展之路。因此，要确保党的重大政治决断，保障人民群众的利益，就必须明确国家的指导思想、根本任务、原则政策，即要保证宪法的实施，加快立法并制定具体的规定，以确保实现宪法权利。首先必须确认宪法的基本法律地位，即宪法具有最高的法律效力，同时制定出一套较为完善的法律监督制度，发挥监督机构

---

① 王旭：《论习近平法治思想中的坚持依宪治国、依宪行政》，《法学论坛》2023 年第 1 期，第 5 页。

的作用，确保宪法的有效实施。要进一步实施行宪法，必须执行相应的保障措施：首先是法律保护，包括对宪法本身的保护和对普通立法的保护。其次，强化执政党的功能，执政党应发挥政治领导作用和模范作用，并在政治上保障宪法的实施。最后，要开展全民宪法教育，强化干部群众的宪法观念，确保宪法的实施；同时，还要不断提升公民的法律素养，培养公民的法律意识，敦促社会各级机构组织、个人严格遵守宪法，维护宪法，确保宪法的实施。

我国的宪法和法律体现的是最广大人民的意志和根本利益。宪法的实施是宪法学中的重要理论问题，也是宪政实践中的重要实践课题。通过加强立法机关建设、法制建设，不断完善监督工作机制，持续推进宪制法制教育工作，才能更好地确保宪法的实施，进而推进中国式现代化进程。

习近平总书记明确指出："宪法是我们党长期执政的根本法律依据。我国宪法确认了中国共产党的执政地位，确认了党在国家政权结构中总揽全局、协调各方的核心地位，这是中国特色社会主义最本质的特征，是中国特色社会主义制度的最大优势，是社会主义法治最根本的保证。"[①] 要保障社会主义现代化建设，就必须依宪治国。通过加强国家立法工作，使宪法的各项规定完整而准确地体现在一般法律中，加强宪法实施的保障。国家生活具有复杂性、多样性等特点，因此，在宪法立法中要以马列主义、毛泽东思想为指导，以习近平法治思想为引领，在立法活动中坚持辩证唯物主义和历史唯物主义的基本原理，运用马克思主义的立场、观点和方法，运用习近平法治思想来指导国家立法工作，更好地解决立法中的实际问题。国家的宪

---

① 习近平：《切实尊崇宪法，严格实施宪法》（2018 年 1 月 19 日），载习近平：《论坚持全面依法治国》，中央文献出版社，2020，第 201 页。

制和法制建设工作中，最重要最根本的便是立法工作，立法工作对宪法的实施具有重要意义。党中央一直重视宪法的全面实施。通过与时俱进加强立法工作、建立国家宪法日等各项措施，全面加强宪法的实施和监督。不断完善相关制度和机制，才能确保宪法的全面执行。加强国家的立法工作，首先需要加强立法机关建设工作，完善国家法律制度。我国是社会主义国家，宪法的制定体现全国人民的意志。因此，在制定宪法和法律时，我们要广泛听取和吸取人民群众的意见，这对于开展和推动立法工作、提高法律完备性具有重要意义。其次，我们应重视司法机关的建设，这对社会主义宪制和法制建设同样具有重要作用。

我国宪法为社会主义现代化建设明确了指导思想、根本任务、领导核心、国家目标等一系列根本内容，事关全局，是真正的"国之大者"，宪法秩序稳定，则国本夯实、海晏河清。因此，在社会主义现代化建设中不能随意突破宪法的底线，重大改革首先要于宪有据，要符合宪法的规定和精神。① 治国理政底线思维，为依宪治国提供了理论依据。为了更有效地保障宪法的实施，在加强国家立法工作的基础上，必须进一步完善监督机制。通过建立健全宪法实施监督机关，不断推进并完善宪法监督工作。为了保障宪法的实施，必须充分发挥人民检察院和人民法院等司法机关的重要作用。人民检察院作为国家法律监督机关，通过实施各项检察活动，教育公民自觉遵守宪法和法律，在保障宪法实施、推进完善宪法监督工作方面起着重要的作用。人民法院通过各项法规，如刑事、民事法律法规，审理各类案件，从而促进宪法的实施。加强司法保障，需要强化

① 王旭：《论习近平法治思想中的坚持依宪治国、依宪行政》，《法学论坛》2023 年第 1 期，第 10 页。

监督机制，国家机关要从各个方面保障宪法的遵守与实施。完善监督宪法实施的相关制度，完善宪法解释程序机制，促进违宪审查工作。对违宪行为进行有效的监督和及时的处理，必要时还应给予相应的法律制裁，从而发挥国家监督机关的法律效力。

以社会主义核心价值观为引领，充分发挥宪法在社会主义现代化建设中的价值灯塔作用、凝聚共识和塑造社会价值观的重要作用。通过营造全社会尊重、学习和遵守宪法的氛围，维护宪法，宣传宪法，弘扬宪法精神，提高社会主义法治意识，使全体人民成为宪法的忠实崇尚者、自觉遵守者、坚定捍卫者。宪法是社会主义现代化建设的基本准据，通过推动社会主义核心价值观融入中国式现代化建设进程，为社会主义现代化强国提供丰富的价值养分。维护宪法尊严是保证宪法实施的前提条件，宪法的最高法律地位和最高法律效力不可侵犯，其他任何法律、规范性文件都应服从宪法。加强全国范围内的法制建设工作，其他任何法律和规范性文件的制定都不得与宪法相抵触，必须服从根本大法。各个部门法律必须符合宪法精神的原则，否则就是违宪。宪法的效力高于各部门法。加强全国范围内的法制建设工作，规范各部门法的制定与实施工作，所有的部门法和法律法规都不能与宪法的规定相抵触，这样才能保障宪法的最高法律地位和最高效力原则，保障宪法的有效实施。实践中，中国共产党通过制定全面建成小康社会、现代目标、社会主义强国等战略、措施和计划来发展民生事业，促进社会保障目标的实现。[1] 加强全国范围内的法制建设工作，能够有效推进依宪治国，依宪执政。

---

[1] 周敬敏：《社会保障基本国策的规范体系与实施路径》，《政法论坛》2021 年第 3 期，第 143-151 页。

习近平总书记提出:"宪法法律的权威源自人民的内心拥护和真诚信仰,加强宪法学习宣传教育是实施宪法的重要基础。"① 我国宪法规定了公民的基本权利,并对其中的部分权利制定了具体的法律加以保障,例如,公民的平等权、申诉权、出版自由、人身自由、社会保障权等。这些基本权利都和公民日常生活息息相关,加强宪制法制教育工作,让广大人民更好地了解宪法,了解自身的基本权利,才能让公民更好地支持宪法,从而坚决遵守和服从宪法及相关法律。宪法实施是相对于宪法制定而言的,无论采取何种宪法实施机制,都离不开对宪法条文的解释。从法的本质属性看,法律适用中的依宪释法活动,其本身就是一种法律解释活动。② 通过对宪法条文的解释,让公民更好地了解宪法,进而更好地学习宪法。通过全民教育学习,增强人民的法制观念,维护宪法的尊严,让人民积极依法管理国家事务,保障宪法的实施。全国各族人民、社会各团体和各类企事业单位组织,都应遵守宪法,以宪法为根本活动准则。人民依法管理国家事务、经济文化事务、社会各项事务,体现出社会主义法治的优越性,更充分体现了人民当家作主的社会主义制度的优越性。

习近平法治思想是中国在法治轨道上全面推进中国式现代化进程的根本遵循,是全面建设社会主义法治国家的原理指导,全面贯彻实施宪法,充分发挥中国宪法的优势和重大作用,为中国依宪治国指明了方向。宪法作为国家的根本大法,是治国安邦的总章程,是党和人民意志的集中体现,是历史的选择,

---

① 习近平:《关于我国宪法和推进全面依法治国》(2018 年 2 月 24 日),载习近平:《论坚持全面依法治国》,中央文献出版社,2020,第 218 页。
② 马良全:《全面推进依法治国背景下的宪法实施及其解释》,《贵州社会科学》2017年第 8 期,第 65 页。

是人民的选择。宪法同党和国家的前途命运息息相关，只有以习近平法治思想为引领，坚持依宪治国，坚持依宪执政，才能建设中国特色社会主义法治体系，才能全面建设法治政府，才能不断推进中国式现代化进程。

二、习近平法治思想指引下的法治政府建设

党的十八大以来，以习近平同志为核心的党中央从坚持和发展中国特色社会主义的全局和战略高度定位法治、布局法治、厉行法治，创造性提出了关于全面依法治国的一系列新理想新思想新战略，形成了习近平法治思想。2020 年 11 月召开的中央全面依法治国工作会议，确立了习近平法治思想在全面依法治国工作中的指导地位，这是我国社会主义法治建设进程中具有重大现实意义和深远历史意义的大事。习近平法治思想是马克思主义法治理论中国化的最新成果，是中国特色社会主义法治理论的重大创新发展，是习近平新时代中国特色社会主义思想的重要组成部分，是新时代全面依法治国的根本遵循和行动指南。①

只有以习近平法治思想为指引，才能加快法治政府建设的步伐，才能将中国特色社会主义法治道路坚定不移地走下去，不断开创新时代全面依法治国新局面，才能实现中国式现代化，实现中华民族伟大复兴。

历史和实践证明，法治兴则国兴，法治强则国强；改革开放以来，中国共产党领导中国人民创造了社会稳定、经济发展

---

① 中共中央宣传部、中央全面依法治国委员会办公室：《习近平法治思想学习纲要》，人民出版社、学习出版社，2021，扉页。

的中国式现代化道路。国家各项政策制度日益成熟完善，从根本上讲，是源自中国特色社会主义制度和中国特色社会主义国家治理体系的优势。

思想是行动的先导，理论是实践的指南。习近平法治思想既是对党领导法治建设丰富实践和宝贵经验体验升华的重大理论创新成果，更是引领新时代全面依法治国不断从胜利走向新的胜利的光辉思想旗帜。全面依法治国是一项长期而重大的历史任务，也是一场深刻的社会变革，必须以科学理论为指导，坚持用习近平法治思想武装头脑、指导实践、推动工作，深入学习贯彻习近平新时代中国特色社会主义思想，是全面推进新时代中国特色社会主义事业的必然要求，对于统一思想认识、明确前进方向、凝聚奋进力量，加快建设良法善治的法治中国，不断谱写"中国之治"的新篇章，具有重大现实意义和深远历史意义。①

法治政府的建设应在习近平法治思想指引下落实践行，结合中国式现代化的时代背景，结合具体工作实际，自觉坚持以习近平法治思想为指导，谋划和推进法治政府的全面建设，将习近平法治思想贯彻落实到全面推进法治政府建设的全过程和各维度，提高运用法治思维、法治方式，深化法治政府各方面的建设，切实把习近平法治思想更好地转化为推进全面依法行政的实践。

加强党的领导，完善法治政府建设推进机制。党的领导是全面依法治国、建设法治政府的根本保证。要加强党对法治政府建设的领导，就必须突出抓好领导干部这个"关键少数"。因为领导干部是法治政府建设的重要组织者、推动者、实践者，

---

① 中共中央宣传部、中央全面依法治国委员会办公室：《习近平法治思想学习纲要》，人民出版社、学习出版社，2021，第151-152页。

是法治政府建设的关键所在。各级党委和政府应深入学习领会习近平法治思想，以习近平法治思想指导和推进法治政府建设进程，切实履行推进法治建设领导职责，将习近平法治思想贯彻落实到法治政府建设的全过程和各方面。

以习近平法治思想为指引，领导干部要自觉增强法治意识，通过学习培训进修等各种方式开展法治实践教育，让领导干部学法、遵法、守法、用法，使领导干部心中有法、敬畏法律，提高法治素养，养成法治习惯。掌握法律，通过加强学习，打牢依法办事的理论基础和知识基础，将法治精神融入为人民服务的方方面面，不断提升法治素养和法治意识。

完善党政部门依法决策机制，建立行政机关内部重大决策合法性审查机制，特别是建立重大决策终身责任追究制度，有利于党员干部严格执行制度，用法治保护人民群众的合法权益。不断提高党员干部依法履职的能力和水平，加快法治政府的建设进程，不断推进中国式现代化。领导干部要不断加强学习，用理论武装头脑，将理论运用于实践，以实践充实理论，培养法治思维，不断强化法治治理能力，全面提升综合素养。领导干部的法治思维和法治治理能力，关系着依法治国的成效，也直接决定着法治能否成为治国理政的基本方式。党中央要求各级党组织和党员干部要强化依法治国依法执政观念，提高运用法治思维和法治方式深化改革、推动发展、化解矛盾、维护稳定、应对风险的能力。①

领导干部法治思想的高低，决定着法治政府建设的程度和水平。各级党组织、党员干部都应认真学习习近平法治思想，领悟习近平法治思想，强化依法治国的行政理念。党员干部要

① 中共中央宣传部、中央全面依法治国委员会办公室：《习近平法治思想学习纲要》，人民出版社、学习出版社，2021，第146页。

加强学习，勇于担当，敢于面对，深入学习理论，以理论武装头脑，培养法治思维，形成法治治理模式；在落实完成各项工作时，要善于运用法治新思维，落实法治新举措，以创新思维化解各类矛盾，强化全局意识，强化责任意识，积极主动开展各项工作，全力维护稳定，严格依照法定权限和程序行使权力，做出正确决策，做到法定职责必须为、法无授权不可为。

中国式现代化具有人口规模巨大、全体人民共同富裕、物质文明与精神文明相协调、人与自然和谐共生、走和平发展道路五大特点。^① 要实现中国式现代化，就要坚持习近平法治思想。习近平法治思想的核心论述体现在"十一个坚持"，这"十一个坚持"不仅全面回答了如何推进中国式现代化，也全面回答了如何推进法治政府建设。坚持以法治政府建设保障中国式现代化，坚持以中国式现代化促进法治政府建设，二者相辅相成，缺一不可。中国式现代化离不开法治政府的保障。只有坚持以习近平法治思想为指引，坚持党对中国式现代化的全局谋划，坚持以人民为中心，坚持党领导全国人民坚定不移地走中国式现代化道路，坚持党领导法治政府建设，坚持二者相辅相成，才能实现中华民族伟大复兴的中国梦。

以习近平法治思想为指引，建设法治政府，能够从实体、程序、时效上充分体现依法保护人民权益的要求，使法治政府为人民服务，使行政执法及实施体现人民意志，保障人民权益，激发人民创造力，以实现中国式现代化。

---

① 习近平：《高举中国特色社会主义伟大旗帜 为全面建设社会主义现代化国家而团结奋斗——在中国共产党第二十次全国代表大会上的报告（2022 年 10 月 16 日）》，人民出版社，2022，第 22 页。

三、中国式现代化语境下法治政府建设愿景

中国式现代化与法治政府建设是一体的，在正善治、科学立法基石上以良法促发展；树权威，坚持公正司法基础上促进法治政府建设；重实施，协同推进行政执法规范化；明职责，全面履行法治政府五大职能，不断推进中国式现代化进程。

习近平法治思想中的核心要旨"十一个坚持"①，描绘出中国式现代化和法治国家建设的愿景和目标。习近平法治思想指引着中国法治政府建设。在习近平法治思想指引下，中国式现代化必将实现，法治政府建设必将取得重大进展，法治国家必将建成，各项工作在法治轨道上顺利有序地运行。在中国法治政府的引领下，国家具备科学规范的各类法律和法规；司法机关工作高效，具有权威性，司法机关公正司法，获得人民的拥护；各级政府部门在法律法规的指引下，合理合规运用职权，行政权力受到有效制约与监督；社会主义核心价值观融入法治政府建设，确立法律信任文化；全国人民群众知法、懂法、护法，充分尊重并保障人民合法权益，全面建成法治政府，法治社会和法治国家全面建成。通过法治助力于中国式现代化。中国式现代化必将为全人类的文明贡献自己独有的力量，为全球

---

① 十一个坚持：即坚持党对全面依法治国的领导，坚持以人民为中心；坚持中国特色社会主义法治道路；坚持依宪治国、依宪执政；坚持在法治轨道上推进国家治理体系和治理能力现代化；坚持建设中国特色社会主义法治体系；坚持依法治国、依法执政、依法行政共同推进，法治国家、法治政府、法治社会一体建设；坚持全面推进科学立法、严格执法、公正司法、全民守法；坚持统筹推进国内法治和涉外法治；坚持建设德才兼备的高素质法治工作队伍；坚持抓住领导干部这个"关键少数"。参见中共中央宣传部、中央全面依法治国委员会办公室：《习近平法治思想学习纲要》，人民出版社、学习出版社，2021，第7-8页。

治理提供有益的中国方案和借鉴，为世界的发展贡献中国独有的力量。

治国理政需要在法治轨道上运行，社会发展需要在法治护航下前行，百姓福祉需要在法治保障中增进。中国共产党第十八次全国代表大会以来，中国共产党和中国政府把全面依法治国纳入"四个全面"战略布局，做出一系列重大决策部署。开启了法治中国建设的新时代，民主法治建设迈出重大步伐。依法治国、依法执政、依法行政的制度建设，全面加强科学立法、严格执法、公正司法、全民守法，深入推进法治国家、法治政府和法治社会齐头并进，全面开展宪法的修改、国家监察体制改革、国家机构改革、行政审批制度改革、司法责任制度。改革有效推进落实，全面依法治国在正确的轨道上一路向前行进，成果丰硕，成绩斐然，成就突出，谱写了新时代法治中国建设辉煌壮丽的篇章。①

全面依法治国，加强法治政府建设，必须坚持党的领导，坚持中国特色社会主义制度。贯彻中国特色社会主义法治理论，本质上是中国特色社会主义法治道路的核心要义。历史和实践表明，我们应走适合自己的法治道路。我国的国家制度和法律制度具有显著优越性和强大的生命力。中国一直坚持走和平发展的现代化建设道路。历史和实践表明，中国发展迅速，经济发展快速，全面脱贫、人民幸福安康，都是因为中国共产党将马克思主义基本原理同中国的具体国情相结合，将马克思主义基本原理同中华优秀的传统文化相结合，探索出具有中国特色的法治建设之路、法治政府建设之路。

全面依法治国，全面建设法治政府，必须以习近平法治思

---

① 马怀德:《法治中国新时代》，外文出版社，2021，第137页。

想为指引，坚持从实际出发，坚持立足于中国的基本国情，突出中国特色社会主义特色，突出中国式现代化进程的时代特色，突出我们自己在实践中总结积累的经验和优势，把握现实要求，着眼解决现实问题。

历史和现实证明，只有传承中华优秀传统法律文化，坚持以习近平法治思想为指导，在我国革命、建设、发展、改革的中国式现代化进程中，探索总结适合中国国情和历史的法治道路、法治政府建设道路，才能为全面建设社会主义现代化国家、完成中国式现代化、实现中华民族伟大复兴夯实法治基础。同时，我们也不能故步自封。法治是人类文明的重要成果，法治的要旨具有普遍意义。因此，适当地学习借鉴其他优秀的法治文明成果是有益的，但绝不能简单拿来，必须加以鉴别，必须合理吸收，使其符合我国的国情和实践。同时，要加强中国特色社会主义法学理论体系建设，中国特色社会主义法学理论体系建设是一个重大的课题。立足于新时代的中国法治语境，探究法律文化建设，指导国家的法律制度建设不断走向完善。法学理论体系的完备性、科学性、时代性，决定着全面推进依法治国的深度、法治政府建设的广度。在中国式现代化语境下探究法律文化建设路径，具有重要的现实意义。法律文化深刻影响社会发展进程，法律文化具有普适性。马海兰指出："法律文化与法治文化都是社会文化的一部分，法治文化属于先进的法律文化。"① 陈仲指出："法律文化是法治文化得以发展的前提，而法治文化则是法律文化发展到一定阶段的产物。"② 先进的法律文化对法治现代化建设具有正面的推动作用，落后的法律文化会产生消极阻碍作用。中国受到几千年的封建法律文化影

① 马海兰：《创新法律文化实现法治现代化》，《法治视野》2014 年第 5 期，第 126 页。
② 陈仲：《法律文化与法治文化辨析》，《社会纵横》2009 年第 9 期，第 80 页。

响，在现代化的法治建设进程中，封建法律文化的消极阻碍作用仍时时可见。中国法治秩序的构建，必然要求传统法律文化走向现代化。加强法律文化建设，实现法律文化的创新，是时代的要求。只有摆脱传统法律文化的束缚，创新法律文化，才能促进中国法治文化建设进程，从而促进法治国家建设进程，促进法治政府建设进程。法治代表一种理性的社会治理方式。陈弘毅认为："沟通理性的体现，人们在自由开放的，不受权力压制的情况下，诚意地进行讨论协商，互相交换意见，尊重并全心全意地尝试了解对方的观点，大家都遵守以理服人原则，摆事实，讲道理，唯理是从，不固执己见，从善如流，以达成共同的认识（共识），并根据此共识来治理社会，或以此共识作为有关社会政策或安排的基础。"[1] 中国法治建设已经取得了巨大的成就，但我们也要看到加强民主与法治的迫切性。李思源指出："中国在历史发展过程中已经形成了较为丰富的法律文化，并为当前的法律文化建设提供了重要的支持。但是传统的法律文化主要是在封建社会的条件下逐渐形成的，具有鲜明的农业社会特征。"[2] 中国传统法律文化建立在儒家思想学说的基础上，以儒家思想为根基，重视的是德，将"德"与"礼"作为基本准则约束人民、约束社会，即德融于法，德主刑辅，强调人与人之间的和谐，民刑不分，重视突出的是义务，轻视忽略权利。

现代法律文化建设受到政治、经济、社会等因素的制约。加强现代法律文化建设，就需要从政治、经济等方面提出根本要求。政治上，要强化制度建设；经济上，要不断完善社会主义市场经济体制，为法律文化建设提供重要的物质保障。加强

---

[1] 陈弘毅：《西方人文思想与现代法的精神》，《中国法学》1995 年第 6 期，第 113 页。
[2] 李思源：《中国法治语境下的法律文化》，《智库时代》2017 年第 7 期，第 1 页。

政治制度建设，完善市场经济体制，加强文化立国战略，通过文化立国、文化强国，树立文化自觉，树立文化自信，这是法律文化建设的根本要求。在我国，依法治国是治国的基本方略，维持社会秩序，保障社会长治久安是其基本价值追求。在此基础上，以正义和人权为基础的秩序要得到维护，就必须加强法律文化建设，这也是开创我国法律良性化新局面的必然要求。

首先，应当对接现代化，建构以传统为根基的法律文化。传承与创新，构建以传统文化为根基的法律文化，是时代的要求，是法律文化创新的必由之路。要实现法律文化创新，就要继承传统法律文化精髓。中国文化几千年的沉淀，必然有其合理的精华。我们要根据时代的新要求，传承中国传统法律文化的精髓。传承传统法律文化中的"信""和谐思想""礼"，这些思想对我们建设和谐法治社会具有重要的促进作用。学者费孝通先生在《乡土中国》中提出"礼治社会"和"礼治秩序"，正是对传统法律文化继承的阐释。对接现代化，通过传承与创新，建构以传统为根基的法律文化，对社会可持续发展将起到巨大的引导和保障作用。通过传承与创新，体现法律文化的理性、效率、民主和秩序。

其次，通过加强制度建设，不断推进法律文化建设进程。推进社会主义经济与政治体制改革是时代的必然要求，是社会主义法律文化建设的助推力。要促进我国法律文化建设，制度建设是原动力。积极实现经济、政治制度现代化，能够有效推动法律文化建设进度。加强制度建设的关键在于充分认识加强制度建设的重要意义，不断提升制度执行力；不断完善制度建设，使制度具有针对性，可操作性强；完善监督制约机制，充分发挥监督制约机制的作用，有效实施监督，全面落实执行制度；同时，要不断加强组织领导，增强贯彻执行制度的推动力，切实推进法律文化建设进程。

最后，培养公民法律意识，推进普法工作开展，有利于法治国家和法治政府的全面建设。培养公民法律意识，树立公民法律信仰，逐步弱化"人治"思想，加大推进普法工作力度。培养公民法律意识，对法律文化建设将起到指引和保障作用。让公民以权利主体和义务主体双重身份介入法律活动中，能够为法治国家建设创造一个良好的法治社会环境。树立公民法律信仰，促进公民法律观念的更新，使普通公民的法律意识不断提升，让普通公民更容易接受法律规范和制约。不断推进普法工作进程，在新时代背景下，要充分利用科学技术，充分运用高科技开展普法教育工作。当前，科学技术对法律的影响深刻而广泛，科技发展能够促进公民法律观念的更新和法律方法的扩展。加强法律文化建设，就需要结合时代背景和时代要求，树立全民法律信息，不断培植公民法治思想。公民的一切行为皆准于法，不法行为必然受到惩罚，让公民树立法律意识，相信法律是为人服务的，培养法律素养，形成人人遵纪守法的良好的社会环境，创造出有利于法治的良好环境。

加强法律文化建设，能够促进法治国家建设进程，能够全面推进依法治国，科学建构中国法治社会，建设以宪法为核心的社会主义法治国家。加强法律文化建设，以正义为核心，以秩序平等为基础，以利益为归属，促进权力资源优化组合，实现权力制约权力，让有法可依、有法必依、执法必严、违法必究成为社会主义法治建设的基本要求。依法治国的实质是良法治国。良法的形成，与法律文化建设进程密切相关。法治包含两重重要含义，其一，已经成立的法律获得普遍的服从；其二，大家服从的法律本身是制定良好的法律。良法的形成，依赖于法律文化的建设。通过法律文化建设，制定符合时代发展的良法。法与时移，法律顺应民心，保障公民权利，这样的良法能够体现和保障公民利益，维护公民合法权益，促进法治国家建设进程。依法治国即良法治国，良法治国的关键是法律文化的建设。加强法律文化建设，促进依法治国，全面建设社会主义法治国家，是社会文明进步的重要标志，是国家长治久安的重要保障，也是中国式现代化的必然要求。

中国式现代化背景下，应加强中国法律文化建设进程。法律文化建设是法治国家建设的催化剂，能够推动法治国家建设进程。当代中国，社会正义的根本要求和基本精神就是保障公民的权利，全面实现人民当家作主，这就需要法治建设为保障。换言之，只有加强法律文化建设，推进法治国家建设，依法治国，建设社会主义法治国家，才能开创我国法律良性化的新局面。依法治国是党领导人民治理国家的基本方略，建设社会主义法治国家，必须从制度上和法律上保证党的基本路线和基本纲领的贯彻实施。加强法律文化建设，要不断丰富法治文化，构建中国特色法律文化，为推进法治现代化注入新的能量。

在党的全面领导下，在习近平法治思想指引下，在全面推进中国式现代化进程的时代背景下，中国的法治政府建设取得了历史性成就。通过坚持以人民为中心，推进科学立法、严格执法、公正司法、全民守法，通过坚持建设一支德才兼备的高素质法治工作队伍，抓住领导干部这个少数关键，将权力关进制度的笼子，政府在党的领导下，在法治轨道上依法执政，建成权责统一、执法严明、公开公正、智能高效、人民满意的法治政府，法治政府建设必将取得更加丰硕的成果，法治中国新时代必将到来，中国也必将对全人类的发展与进步做出更大的贡献。

结　语

"万物得其本者生，百事得其道者成。"① 实现中华民族伟大复兴，是近代以来中华民族最伟大的梦想，是民心所归。中国共产党在长期的实践中，成功推进和拓展了中国式现代化。中国式现代化要求坚持党的领导，坚持中国特色社会主义，实现高质量发展，创造人类文明的新形态。全面依法治国关系党和国家长治久安，关系中国式现代化的进程，而法治政府建设正是全面依法治国的重点任务和主体工程。基于此，实现中华民族伟大复兴，应走中国式现代化道路，坚持全面依法治国，扎实推进依法行政，坚持以习近平法治思想为指导，把握中国式现代化的本质内涵和要求。正善治，科学立法基础基石上以良法促法治政府建设；树权威，坚持公正司法基石上规范多元纠纷解决机制；重实施，协同推进行政执法的规范性；明职责，全面提升政府决策执行力，以法治之力助中华民族伟大复兴。

中国共产党坚持和发展中国特色社会主义，推动物质文明、政治文明、精神文明、社会文明、生态文明协调发展，创造了中国式现代化道路，创造人类文明新形态。② 中国共产党坚持

---

① ［汉］刘向：《说苑校证》，向宗鲁校证，中华书局，1987，第388页。
② 习近平：《在庆祝中国共产党成立 110 周年大会上的讲话》，中华人民共和国中央人民政府网，https://www.gov.cn/xinwen/2021-07/15/content_5625254.htm，访问日期：2023 年 5 月 26 日。

走中国式现代化道路，中国式现代化是中华民族伟大复兴的必然选择，是基于中国人口规模最大的现代化之路，是全体人民共同富裕的现代化之路，是和平发展的现代化之路。中国共产党领导中国人民经过长期的实践和探索，成功走出了中国式现代化道路。中国式现代化道路是人类文明的新形态。只有坚持党的领导，坚持以习近平法治思想为指引，在法治国家的轨道上推进中国式现代化进程，才能将中国发展进步的命运牢牢掌握在中国人民自己手中。而法治政府建设是全面依法治国的重点任务和主体工程，是推动中国式现代化进程的重要支撑。

通过深入学习贯彻习近平法治思想，努力实现法治政府建设全面突破。通过正善治、树权威、重实施、明职责，突破思维限制，全面提升法治政府行政决策执行力。同时，健全政府职能体系，更好发挥法治政府在推进中国式现代化进程中的作用，持续优化法治政府法治化营商环境，引领带动企业畅通国民经济循环，构建新的发展格局。再次，要健全行政执法工作体系，全面推进严格规范公正文明执法，为中国式现代化道路保驾护航，特别要加大重点领域执法建设力度，尤其是和人民群众利益紧密的重点领域的执法力度，处理化解社会矛盾纠纷，促进社会公平正义。最后，不断健全行政权力制约和监督体系，打造阳光透明的法治政府，建立一个职能科学、权责法定、执法严明、公平公正、智能高效、廉洁诚信、人民满意的法治政府。①

中国式现代化与全面依法治国一脉相承，其本质要求是实现中华民族伟大复兴。中国式现代化走社会主义法治现代化道路，要求法治政府的保障，只有坚持人民至上，才能实现中国

---

① 中共中央、国务院印发：《法治政府建设实施纲要（2021—2025年）》，人民出版社，2021，第33页。

特色社会主义法治建设总目标。只有坚持中国共产党的领导，坚持以习近平法治思想为指引，全面贯彻中国特色社会主义法治理论，才能保障法治政府建设，确保中国式现代化沿着正确道路与方向前进，如期实现中国式现代化的建设目标，实现中华民族伟大复兴。坚持党的领导，加强党对法治政府建设的领导，是中国式现代化的根本基石。在党的领导下，中国式现代化才能在实践中显示出巨大的优势。党的领导体现在党对中国式现代化、对法治政府建设的有机统一上，党的领导与部署贯彻中国式现代化建设、法治政府建设的全过程和方方面面，体现在党对科学立法、严格执法、公正司法、全民守法的综合统领和实践指导上。

历史表明，中国特色社会主义法治道路是中国式现代化、中国特色社会主义法治国家建设的唯一正确之路。在中国共产党的领导下，坚定不移地走中国特色社会主义法治道路，才能确保法治政府的全面建设，确保中国式现代化的全面实现。走中国式现代化道路应立足于我国国情，从我国实际出发，突出中国特色和时代特色。在党的全面领导下，历史与实践充分论证，中国式现代化与法治政府建设相辅相成，法治政府保障中国式现代化的建设；反之，中国式现代化要求法治政府的建设与完善。只有坚持在法治轨道上全面推进国家治理体系和治理能力现代化，才能全面完成依法治国的时代使命。

深入推进依法治国，全面建设法治政府，不断发展中国式现代化，要让法治精神、法治理念深入人心，使广大群众信仰法治、坚守法治，把培育法治精神作为依法治国建设的重要内容，引导人民群众将法治内化为政治信仰和道德修养，外化为行为准则和自觉行动。依法治国、依法行政，坚持以宪法为最高法律规范，不断完善中国特色社会主义法律体系，立善法于天下，治天下；立善法于一国，治一国。

只有坚持人民至上，坚持以人民为中心，才能够将社会主义公平正义贯穿到立法、执法、司法、守法的全过程，坚持依法行政，保障公民合法权益，才能够加快中国式现代化的进程，不断推进法治政府建设进程，构建一个职责明确、依法行政的政府治理体系。历史的车轮滚滚向前，在这新时代新征程的背景下，坚定理想信念，坚持中国共产党领导，坚持以习近平法治思想为指引，才能坚定不移地走中国式现代化道路，不断建设法治政府，不断开创新时代全面依法治国的新局面。

中国式现代化得其本者生，中国法治政府建设得其道者成。中国共产党拥有崇高的政治理想和远大的发展目标。中国共产党肩负着中华民族伟大复兴的历史重大使命，在中国共产党的领导下，在中国特色社会主义制度的优势下，在法治政府建设的引领下，通过发挥中国人民勤劳智慧的优秀品质，中国式现代化道路必然实现，中国必然走出一条物质文明和精神文明相协调、人与自然和谐共生、和平发展的现代化强国之路。

主要参考文献

［1］ 白永秀：《新时代如何更好坚持和发展中国特色社会主义》［J］．政治经济学评论，2022（1）．

［2］ 陈慈英：《以法治化保障和促进"五化"民政融合发展》［J］．中国民政，2017（12）．

［3］ 蔡昉等：《中国式现代化发展战略与路径》［M］．北京：中信出版集团，2022．

［4］ 陈红梅，史新阳：《社会主义核心价值体系下法律意识培养》［J］．榆林学院学报，2009（5）．

［5］ 陈学明，吴新文，陈祥勤，姜国敏：《我们为什么必须走中国特色社会主义道路》［M］．天津：天津人民出版社，2020．

［6］陈柏峰：《法理学》［C］．北京：法律出版社，2021．

［7］丁波涛：《从信息社会到智慧社会——智慧社会内涵的理论解读》［J］．电子政务，2019（7）．

［8］ 中共中央、国务院印发：《法治政府建设实施纲要（2021—2025 年）》［M］．北京：人民出版社，2021．

［9］ 贺海仁：《提高领导干部法治思维能力》［N］．光明日报 2020 年 11 月 13 日，第 11 版．

［10］ 胡建淼：《法治政府建设：全面依法治国的重点任务和主体工程》［C］．人民出版社，2021．

［11］ 官蕊：《法治中国的文化根脉》［C］．北京：人民日报

出版社，2023.

[12] 江必新，程琥：《论良法善治原则在法治政府评估中的应用》[J]. 中外法学，2018（2）.

[13] 蒋传光，刘悦：《中国法治政府建设的价值基础》[J]. 哈尔滨工业大学学报（社会科学版），2020（5）.

[14] 姜明安：《法治政府建设的四个关键点》[J]. 人民论坛，2018（5）.

[15] 李龙：《良法论》[M]. 武汉：武汉大学出版社2001.

[16] 刘国乾：《法治政府建设：一种内部行政法的制度实践探索》[J]. 治理研究，2021（3）.

[17] 李强，魏范青，许丽娜：《"善治"视域下新时代民政法治建设存在的问题与对策》[J]. 青海师范大学学报（哲学社会科学版），2019 （6）.

[18] 李林：《中国语境下的文化与法治文化概念》[J]. 中国党政干部论坛，2012（6）.

[19] 刘卓红，张堃：《以社会主义核心价值观引领新时代中国特色社会主义法治文化建设》[J]. 马克思主义理论学科研究，2020（4）.

[20] 马怀德：《法治中国新时代》[M]. 北京：外文出版社，2021.

[21] 马怀德：《新时代法治政府建设的使命任务》[J]. 政法论坛，2023（1）.

[22] 马良全：《全面推进依法治国背景下的宪法实施及其解释》[J]. 贵州社会科学，2017（8）.

[23] 宋俭，朱妍：《论建设社会主义法治国家的核心和关键》[J]. 云南社会科学，2017（1）.

[24] 孙彩红：《习近平关于法治政府建设论述的基本框架和逻辑层次》[J]. 广西社会科学，2022（2）.

[25] 孙绍勇：《中国共产党红色基因百年赓续的精神解码及其文化涵育》[J]. 思想教育研究，2021（6）.

[26] 王旭：《论习近平法治思想中的坚持依宪治国、依宪行政》[J]. 法学论坛，2023（1）.

[27] 王广波：《认真对待法律》[M]. 香港：香港教育出版社，2005.

[28] 吴欢：中国式行政法治现代化与国家治理现代化的内在逻辑[J]. 哈尔滨工业大学学报，2023（1）.

[29] 习近平：《辩证唯物主义是中国共产党人的世界观和方法论》[J]. 求是，2019（1）.

[30] 习近平：《高举中国特色社会主义伟大旗帜 为全面建设社会主义现代化国家而团结奋斗——在中国共产党第二十次全国代表大会上的报告（2022 年 10 月 16 日）》[M]. 北京：人民出版社，2022.

[31] 中共中央宣传部，中央全面依法治国委员会办公室：《习近平法治思想学习纲要》[M]. 北京：人民出版社、学习出版社，2021.

[32] 习近平：在中央党校建校 90 周年庆祝大会暨 2023 年春季学期开学典礼上的讲话[EB/OL]. https://www.ccps.gov.cn/xxsxk/xldxgz/202304/t20230401_157467.shtml.

[33] 杨清望：《法律权威：来源与建构》[M]. 北京：知识产权出版社，2010.

[34] 杨敏，樊英杰：《法治思维形成及发展演变》[M]. 北京：北京工业大学出版社，2022.

[35] 张文显：《法理学》（第三版）[M]. 北京：高等教育出版社、北京大学出版社，2008.

[36] 张文显：《法治的文化内涵——法治中国的文化建构》

[J]. 吉林大学社会科学学报，2015（4）.

[37] 张文显：《习近平法治思想的政理、法理和哲理》[J].政法论坛，2022 年（3）.

[38] 赵德铸：《关于行政解释的几个问题》[J]. 山东社会科学，2011（10）.

[39] 钟小武：《中国特色社会主义理论自信的内在逻辑研究》[M]. 北京：人民出版社，2020.

[40]《中共中央关于全面推进依法治国若干重大问题的决定》[M]. 北京：人民出版社，2014.

[41] 中共中央文献研究室：《习近平关于全面依法治国论述摘编》[M]. 北京：中央文献出版社，2015.

[42] 周敬敏：《社会保障基本国策的规范体系与实施路径》[J]. 政法论坛，2021（3）.

[43] 周世中：《法的合理性研究》[M]. 济南：山东人民出版社，2004.

[44] 诸凤娟：《为人民服务：从政治伦理到道德规范》[J].中国特色社会主义研究，2011（4）.

[45] 朱新力等：《中国法治政府建设：原理与实践》[M].南京：江苏人民出版社，2019.

[46] 左停，刘文婧，李博：《梯度推进与优化升级：脱贫攻坚与乡村振兴有效衔接研究》[J]. 华中农业大学学报（社会科学版），2019（5）.

[47] Ronald Dworkin. Taking Rights Seriously, Harvard University Press, 1978.

[48] H. LA. Hart. The Concept of Law, Oxford University Press, 1983.

[49] Joseph Raz. The Authority of Law, Oxford University Press, 2009.

后　记

秋高气爽，万里晴天。走在恬静的小道，思绪却已走过万水千山。成为法学人已有十余载，我从未忘记作为一名法律人的初心与使命，一直坚守法治初心，牢记信仰，勇担使命。法学人有自己的信仰与情怀，一直致力于研究法治国家与法治政府建设，不断思考法律文化与法律意识。笔耕不辍，钟情翰墨，有自己的感悟，更有自己的思考。

"万物得其本者生，百事得其道者成。"历史和人民选择了中国共产党，中国共产党也必将带领中国人民走向独一无二的中国式现代化。党的十八大以来，在以习近平同志为核心的党中央坚强领导下，坚持习近平新时代中国特色社会主义思想为指导，中国式现代化砥砺前行，法治国家、法治政府建设成效显著。作为一名法学人，感到自豪与骄傲，也更深知肩负的历史重任。

法律要发挥作用，必然需要全社会的信仰。中国式现代化的全面实现，离不开每一个中国人的努力，离不开每一位法律人的努力。中华民族伟大复兴，中国梦的实现，离不开全面推进依法治国、依法行政，离不开中国式现代化。

拙作《中国式现代化语境下法治政府建设研究》立足于新时代、新征程大背景，解读中国式现代化及其内在逻辑，研究中国式现代化与法治政府建设的关系，探讨中国式现代化语境下法治政府建设,研究中国式现代化语境下法治政府建设措施,阐释习近平法治思想指引下的法治政府建设与法治政府建设愿景,以期为法律信仰文化的建立贡献一名法律人的微薄之力。

和谐润四海,法治安天下。法者,治之端也。中华民族伟大复兴之梦,是时代的要求,更是人民的心声。中国式现代化的实现离不开法治,离不开治国之重器。全面依法治国是时代的必然要求。中华民族伟大复兴之梦,吾辈定当肩负,一路前行。每一位法律人都应当惟日孜孜,为实现中华民族伟大复兴的中国梦不懈奋斗。

幸甚至哉,生逢此时!

唐声文

2023 年 10 月 1 日